MW00901756

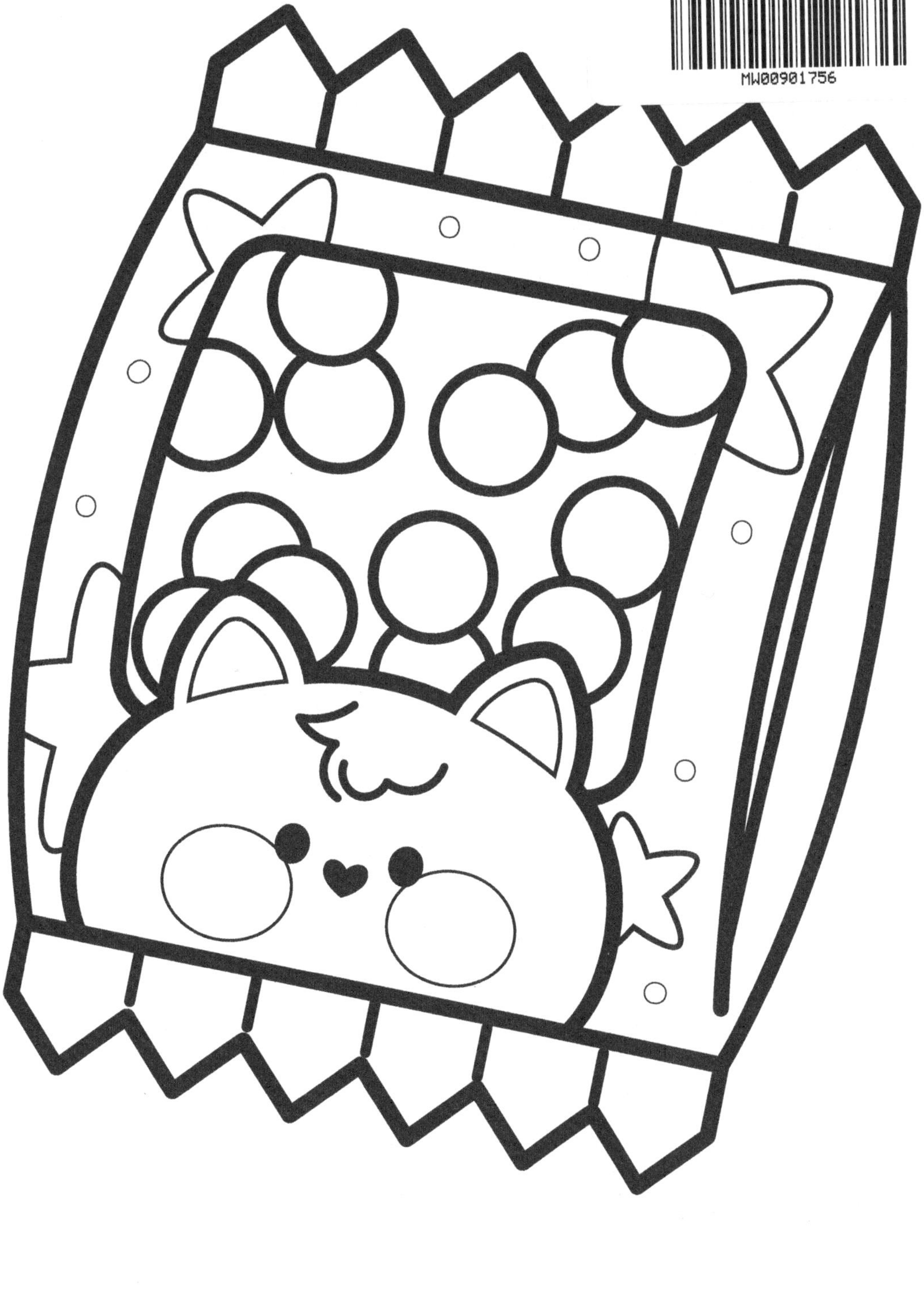

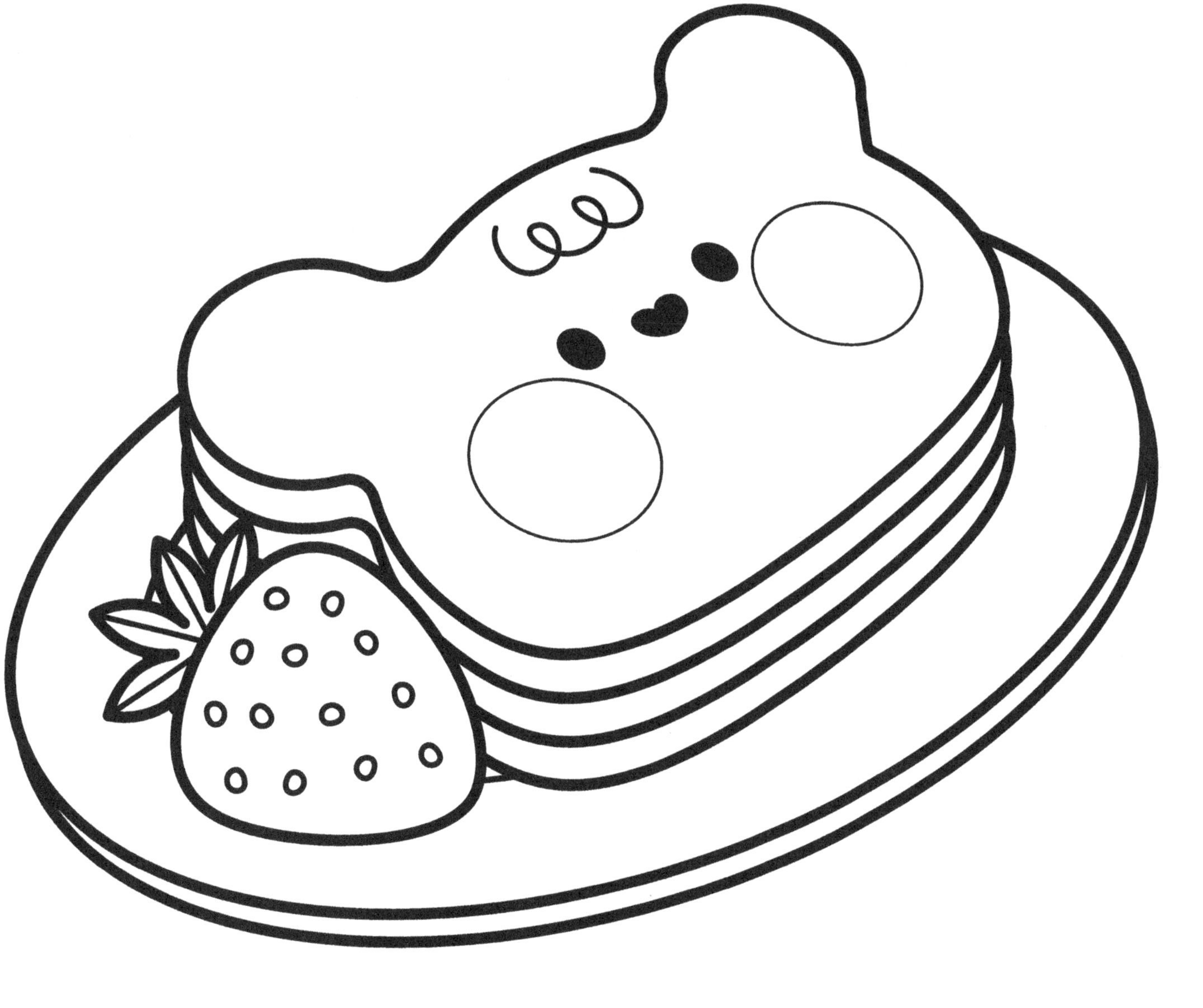

いちご

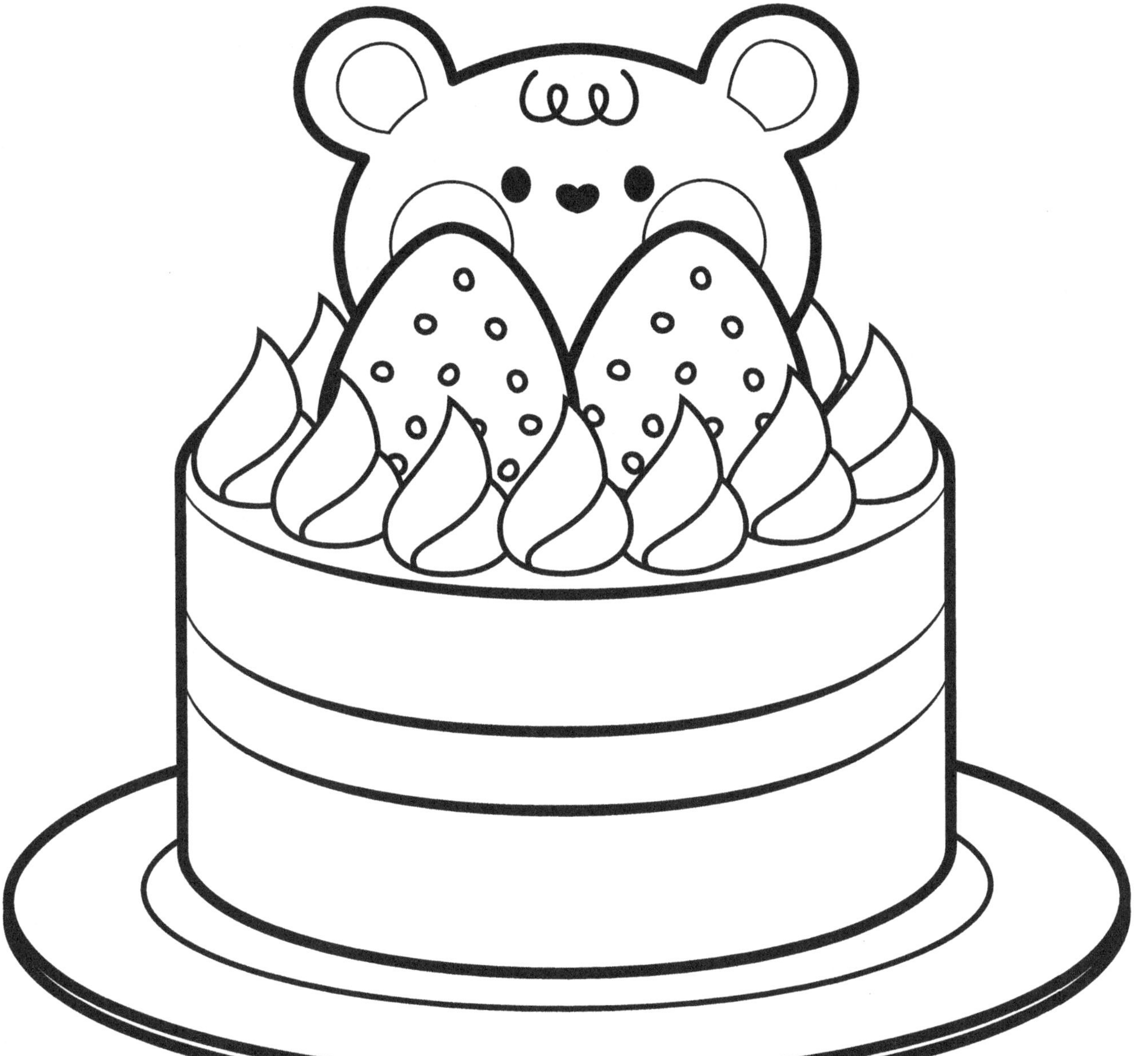

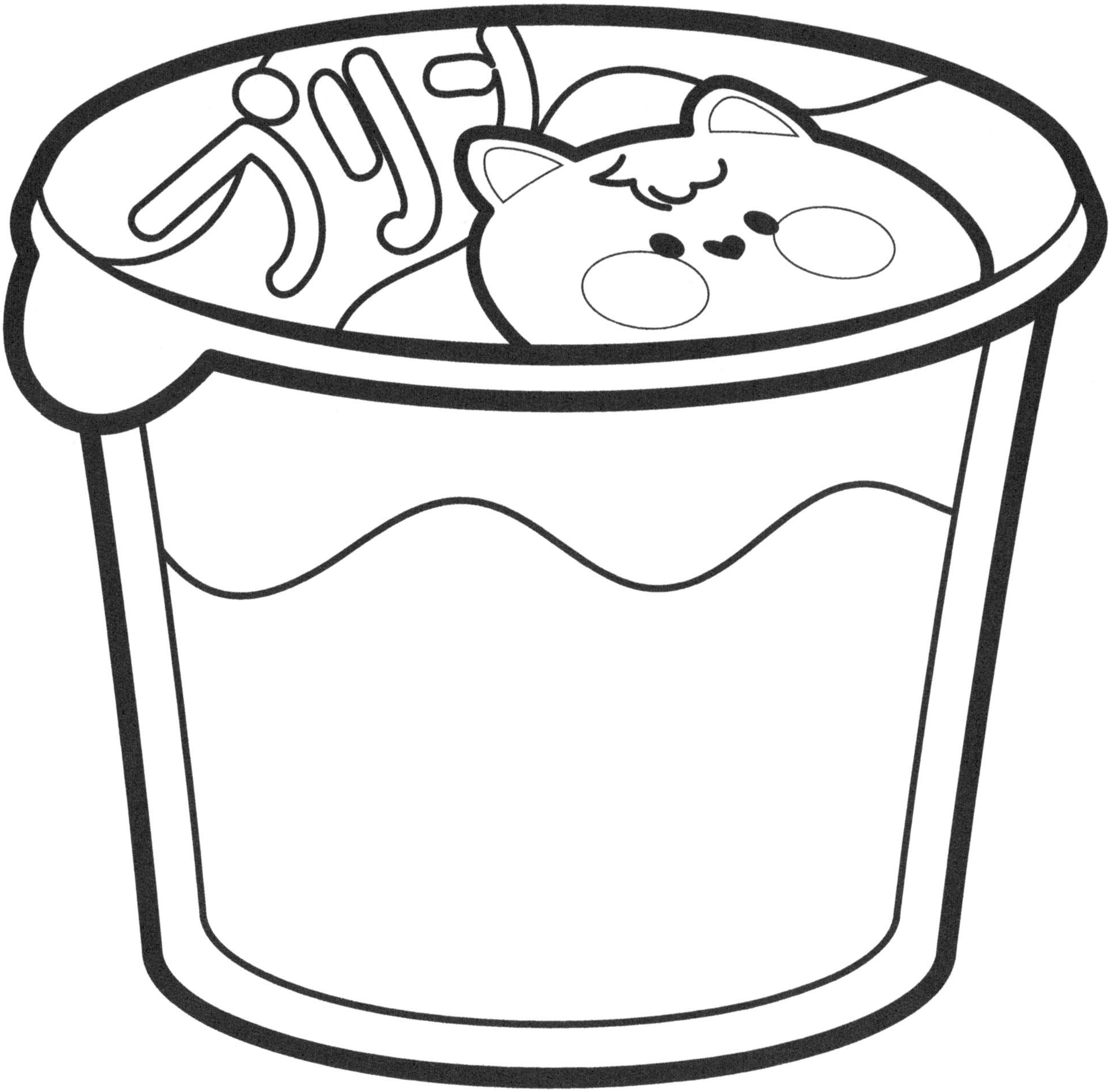

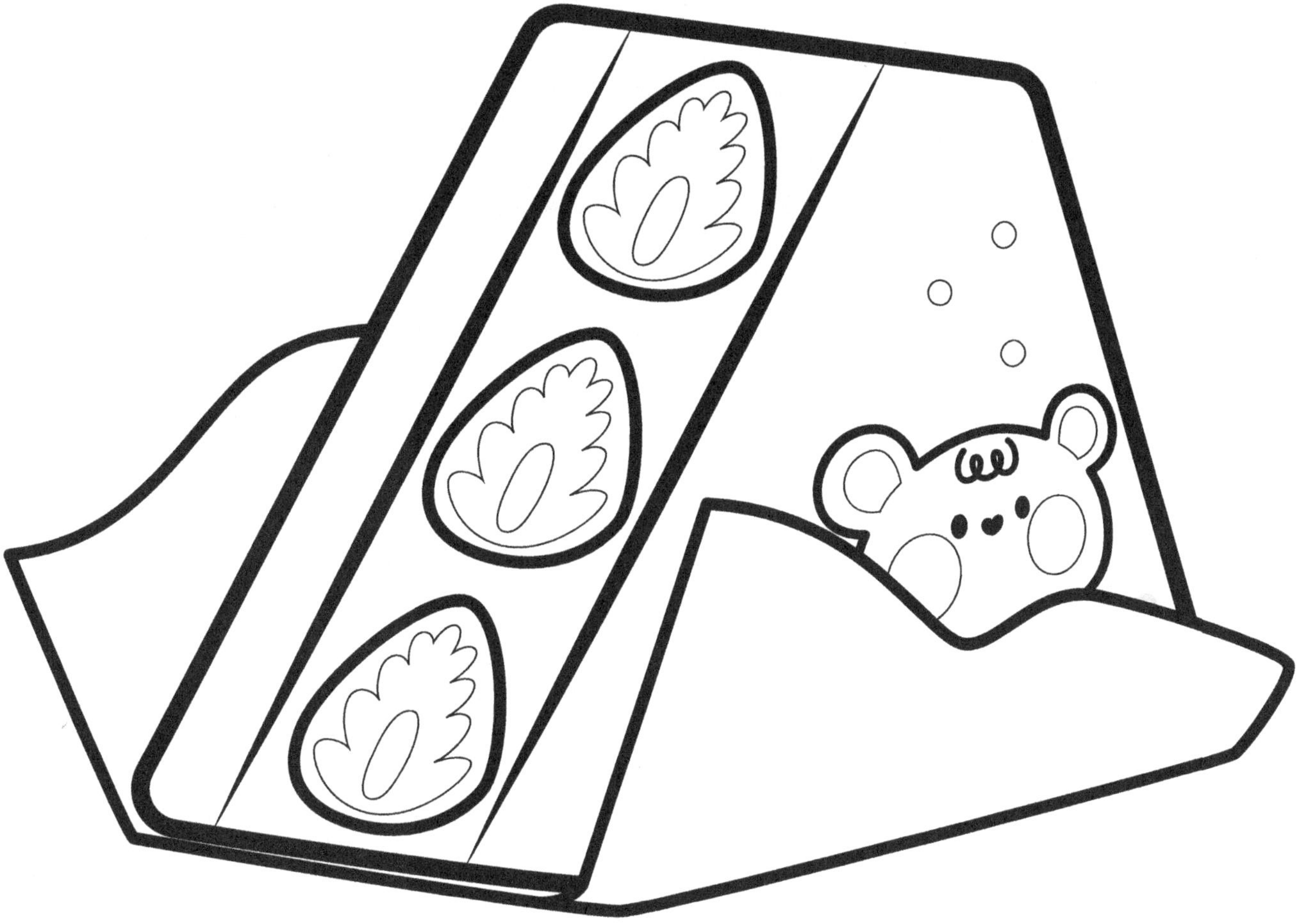

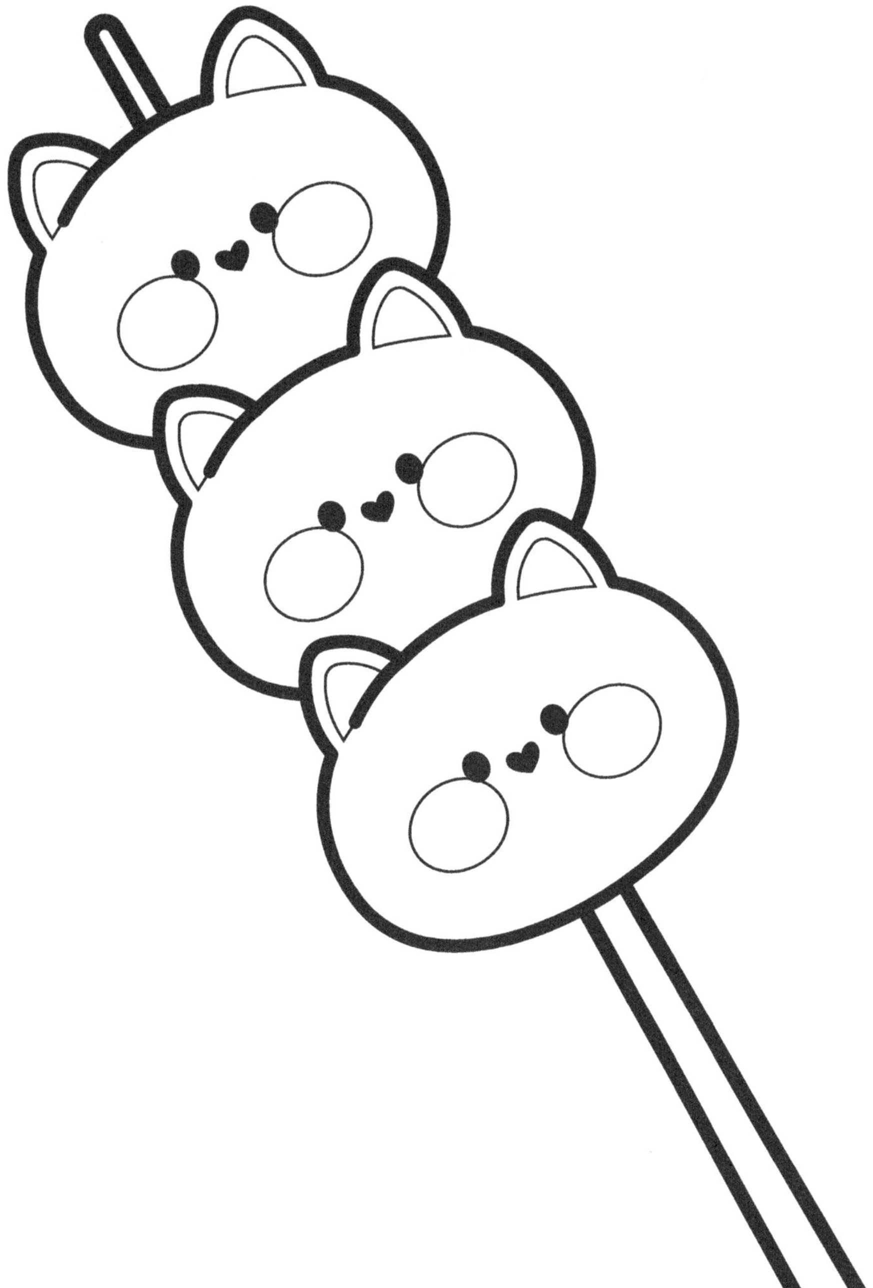

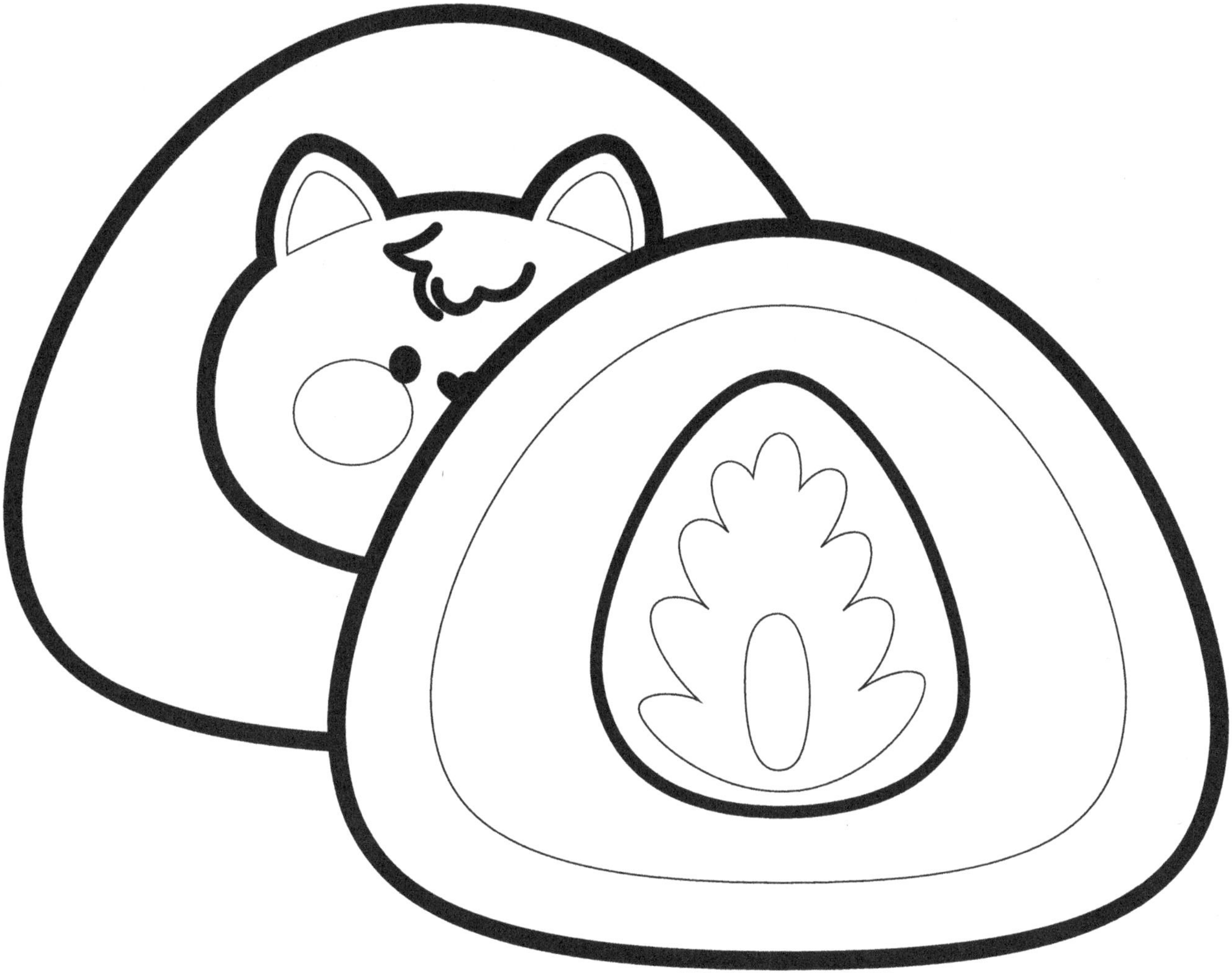

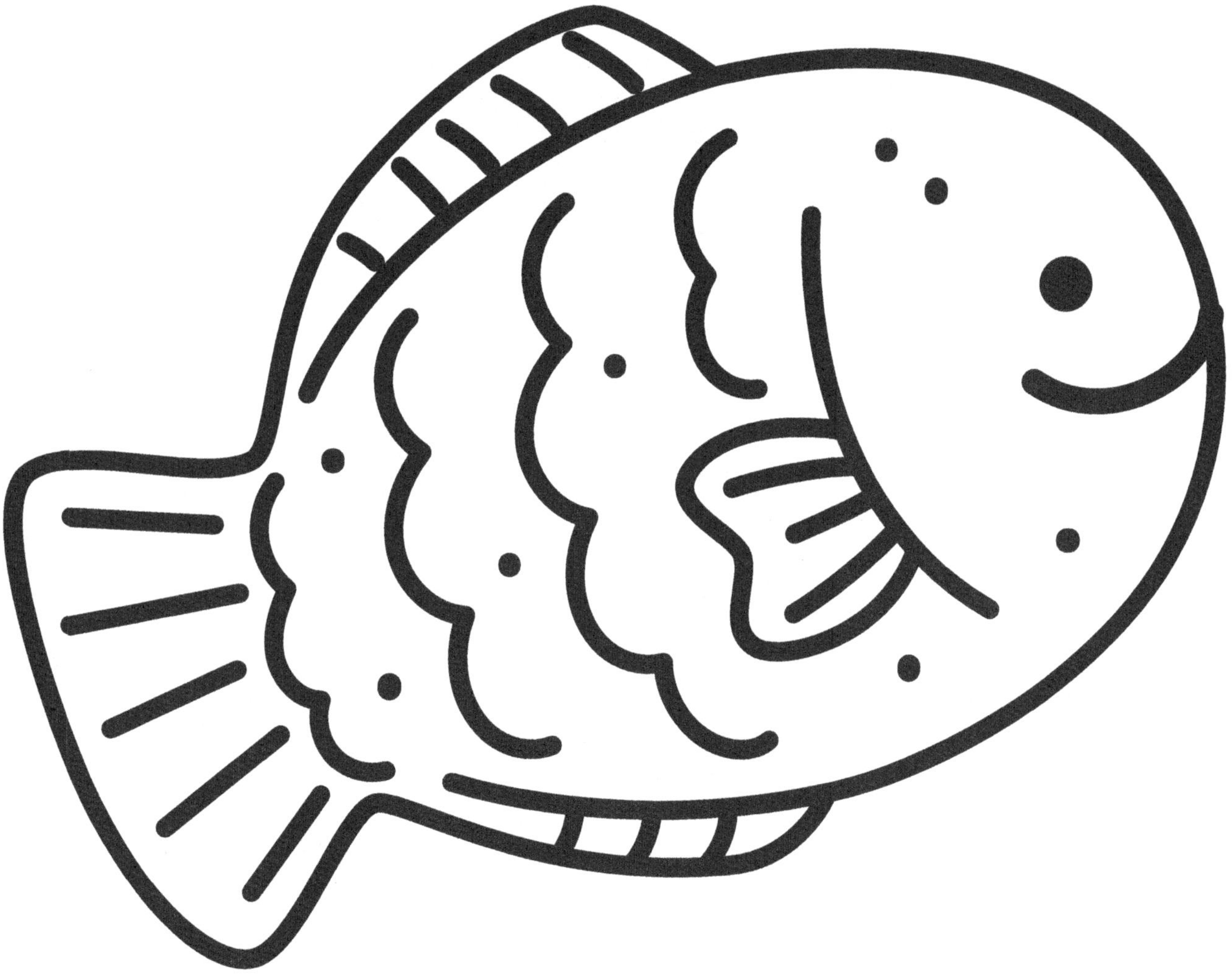

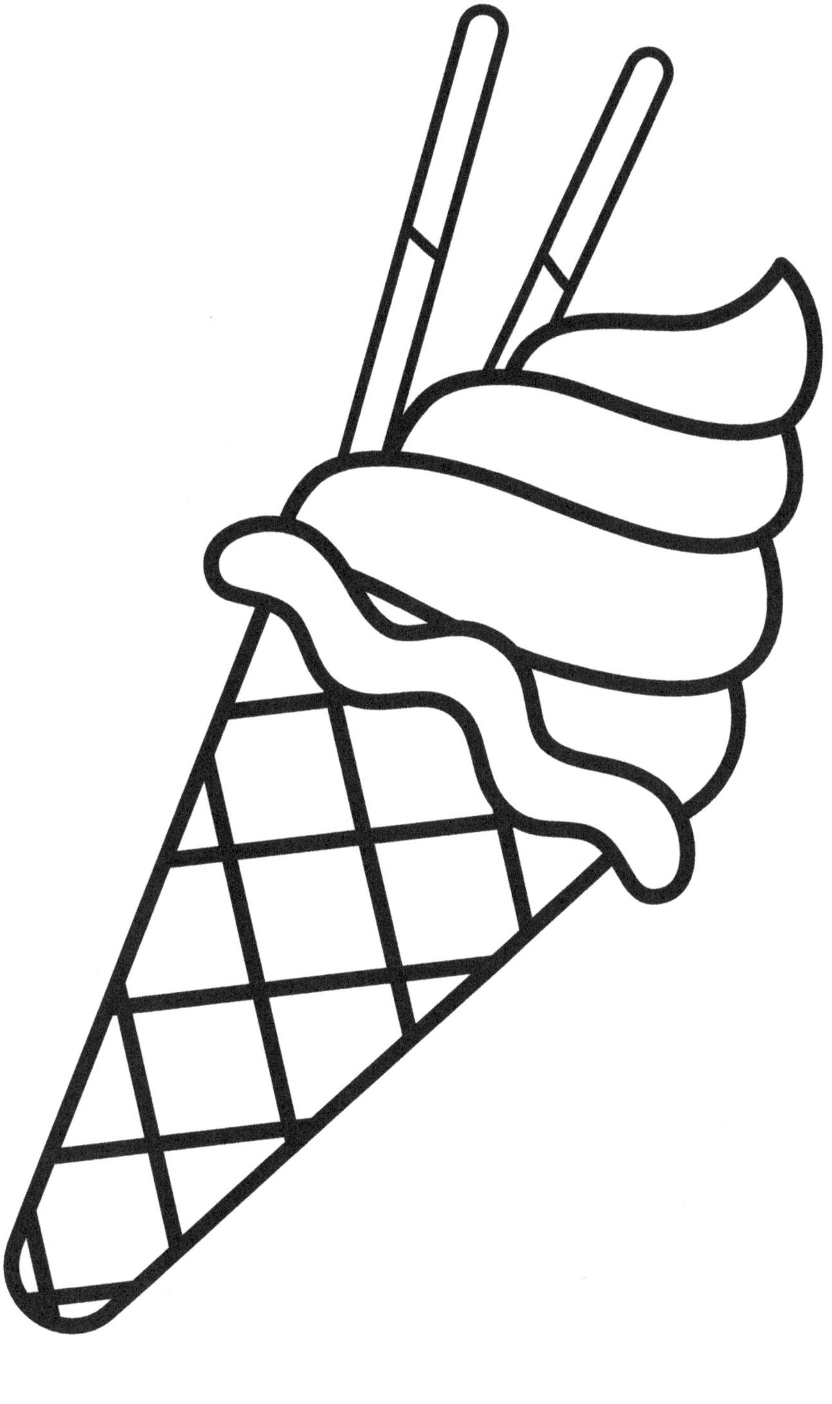

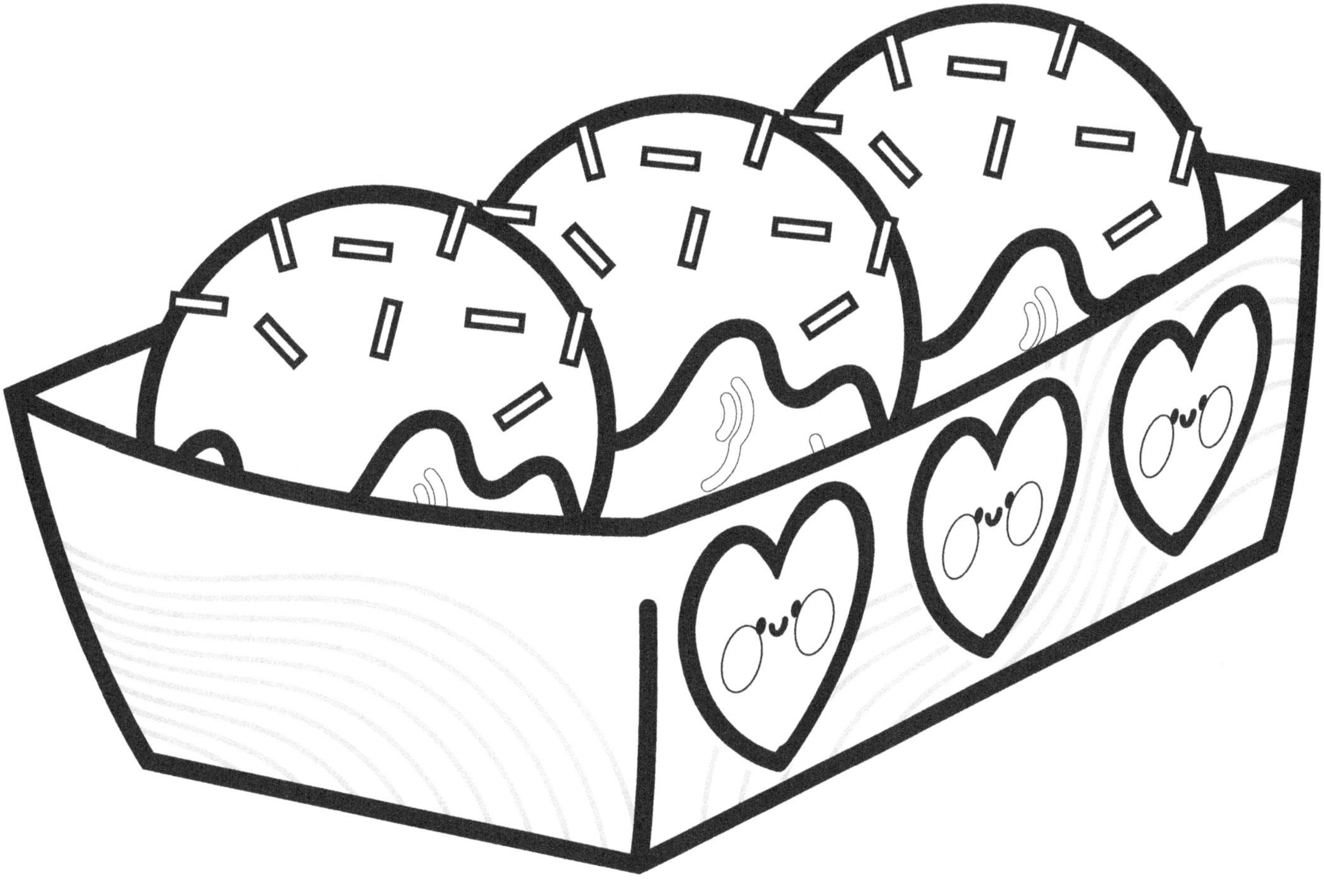

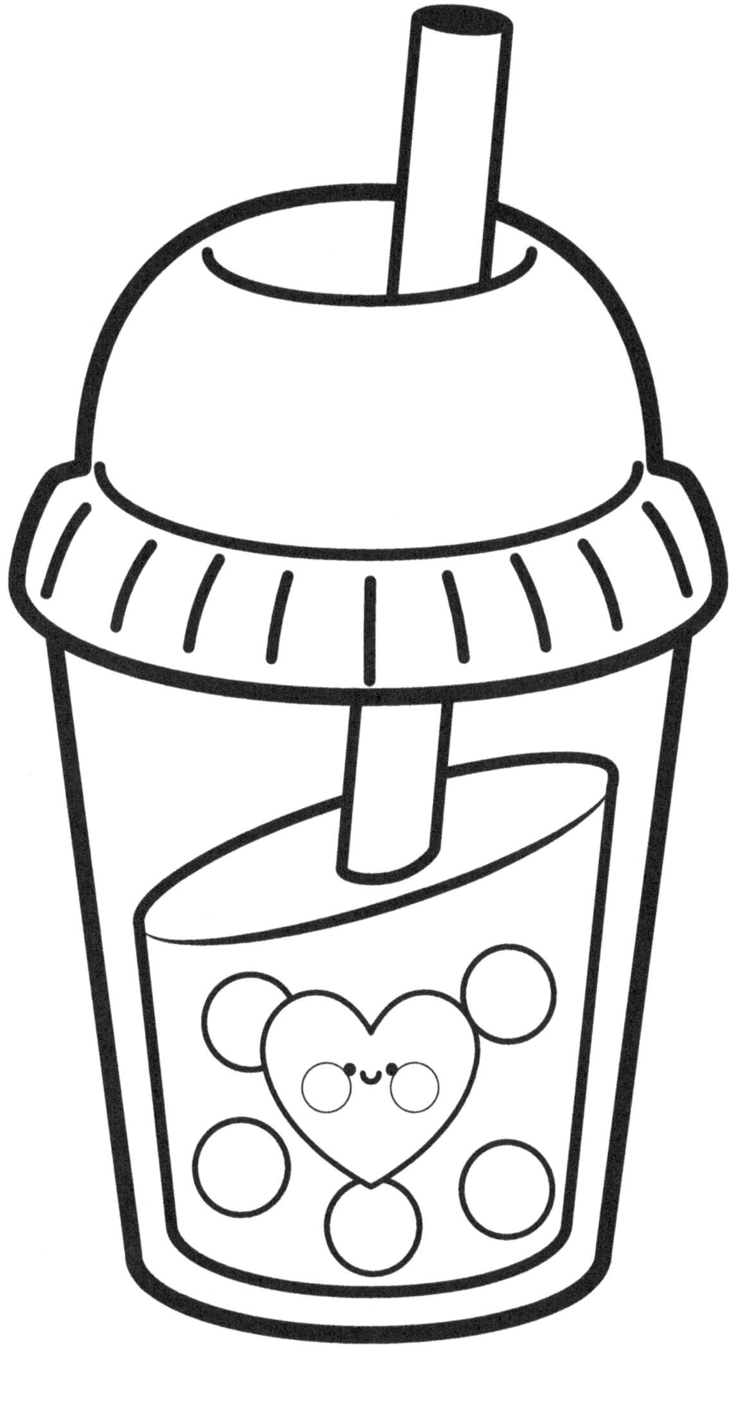

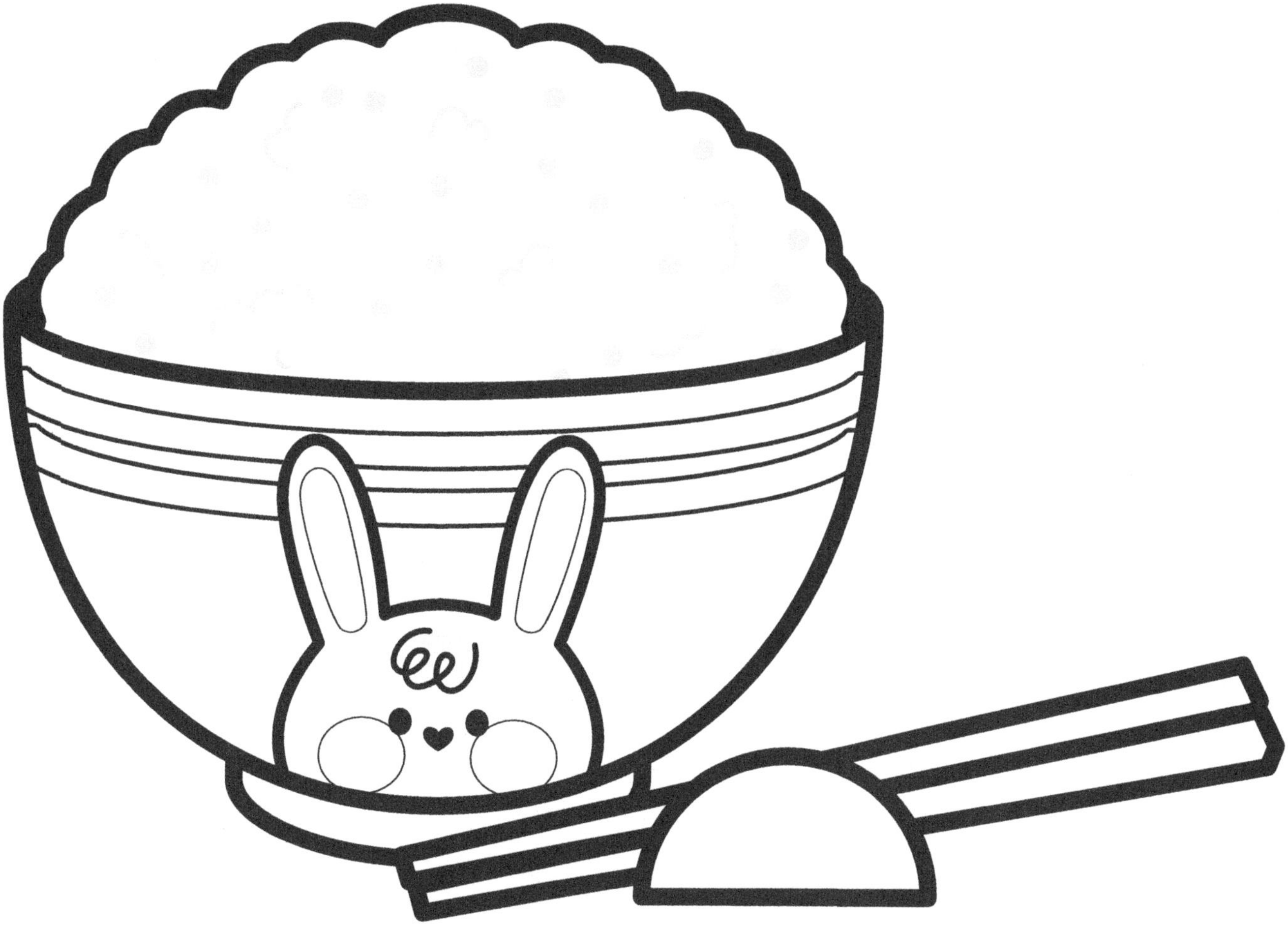

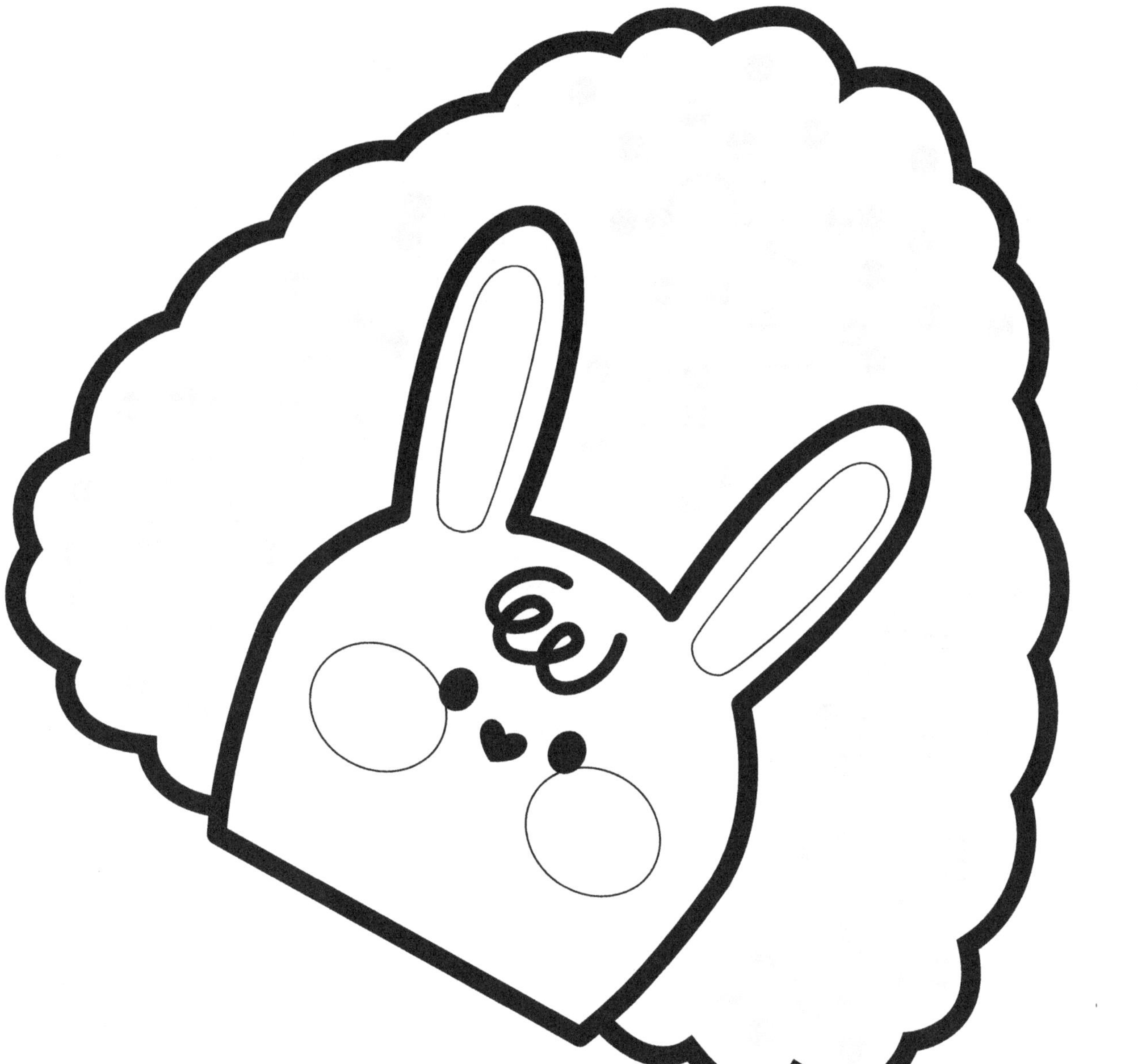

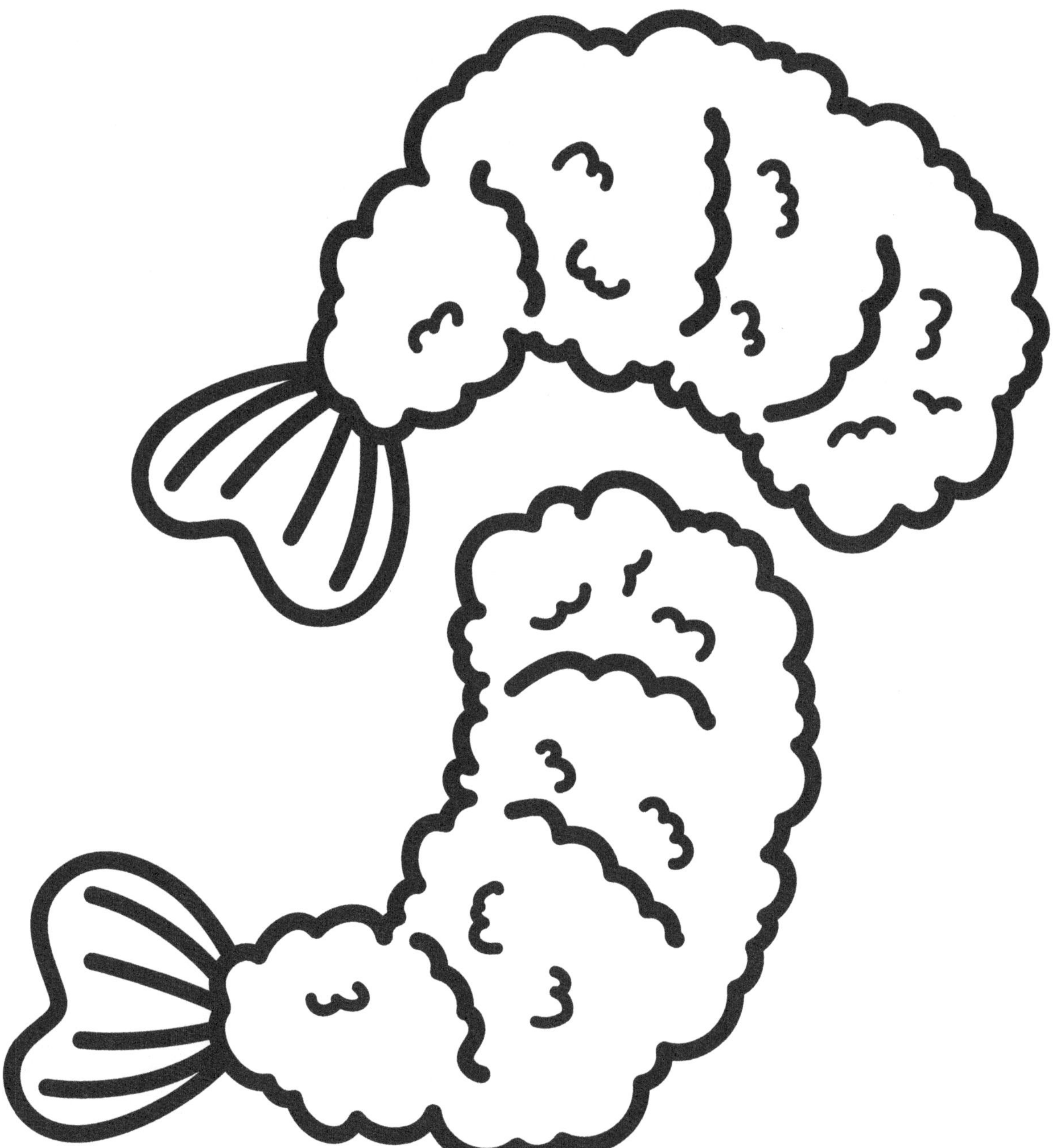

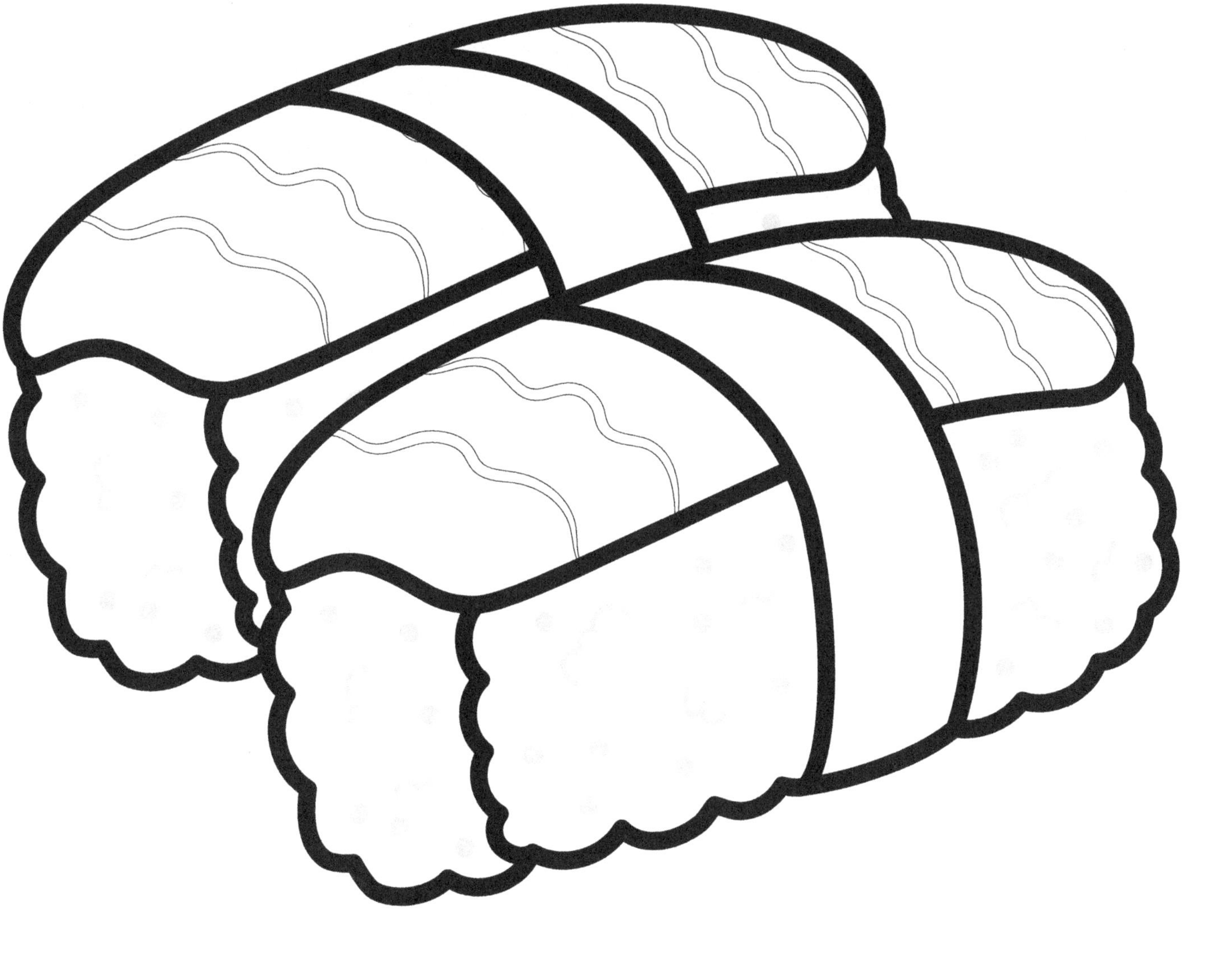

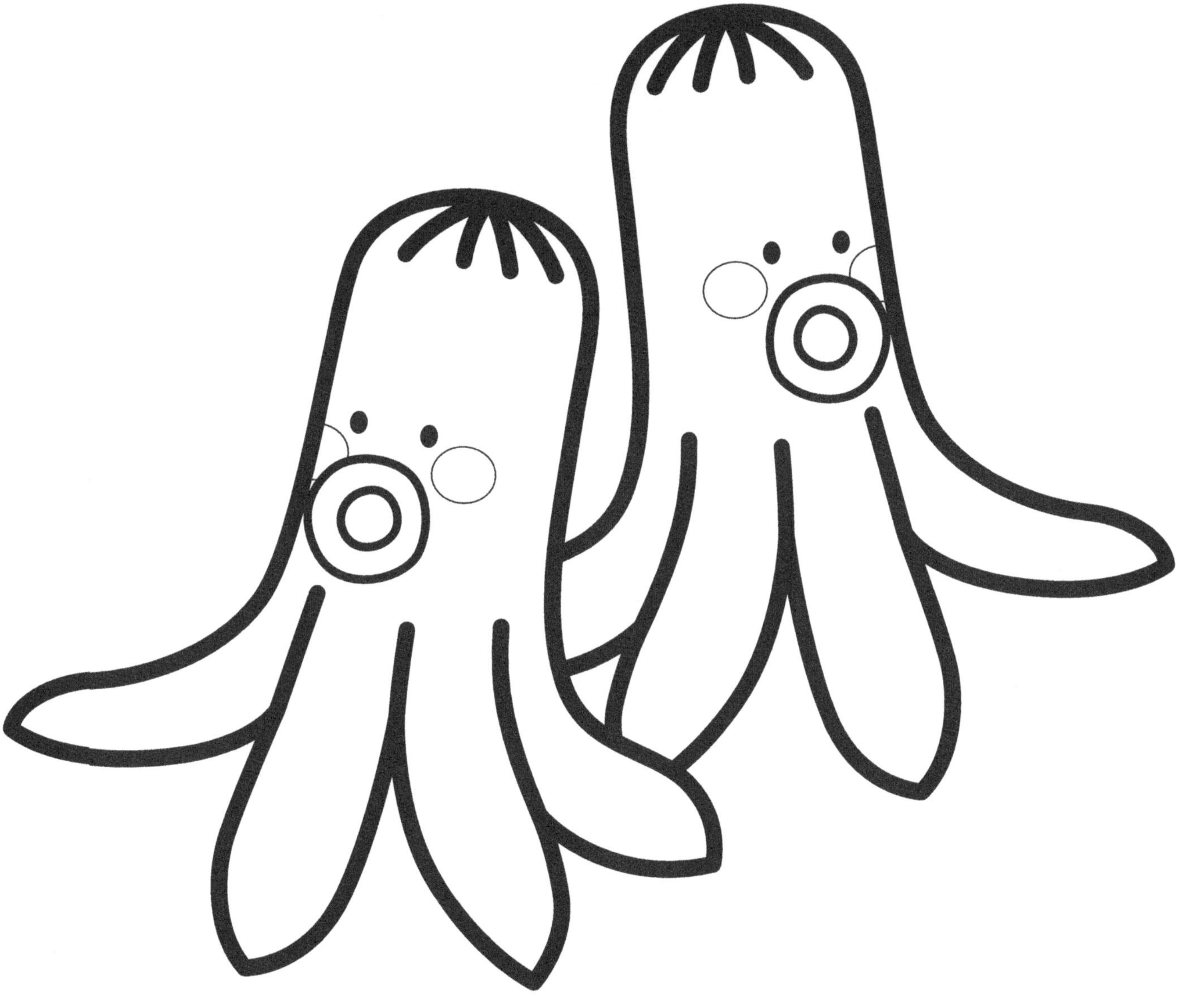

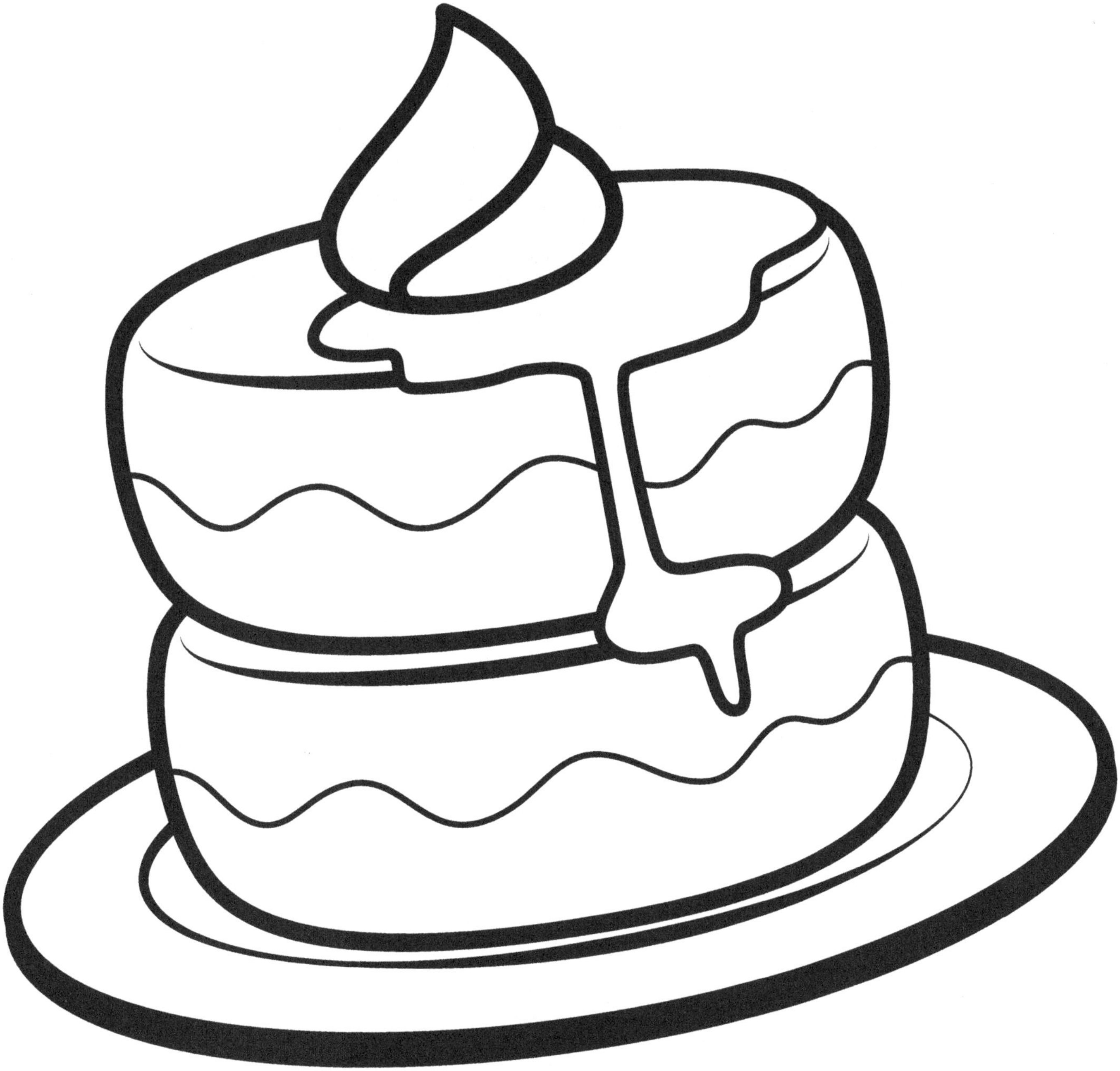

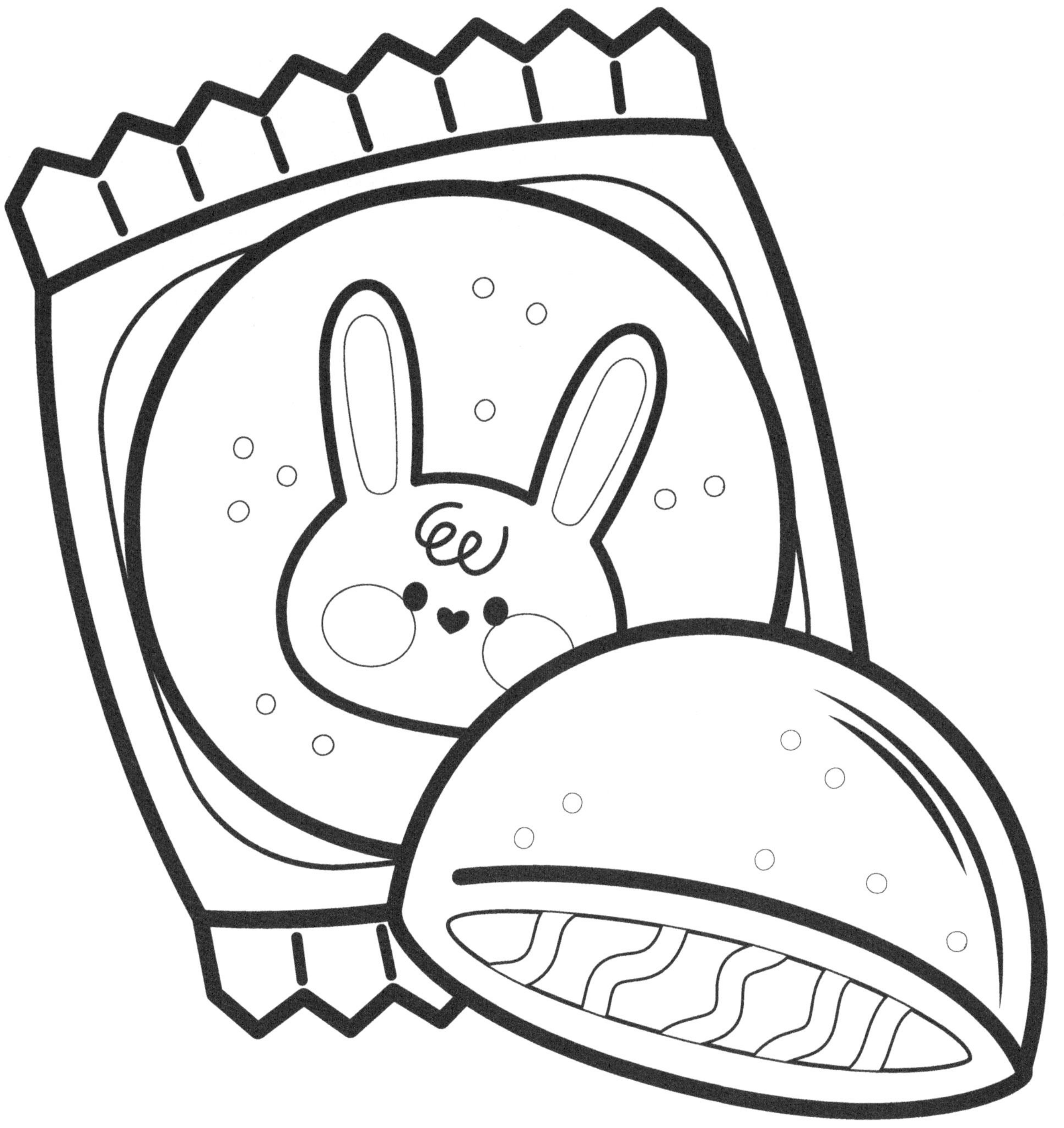

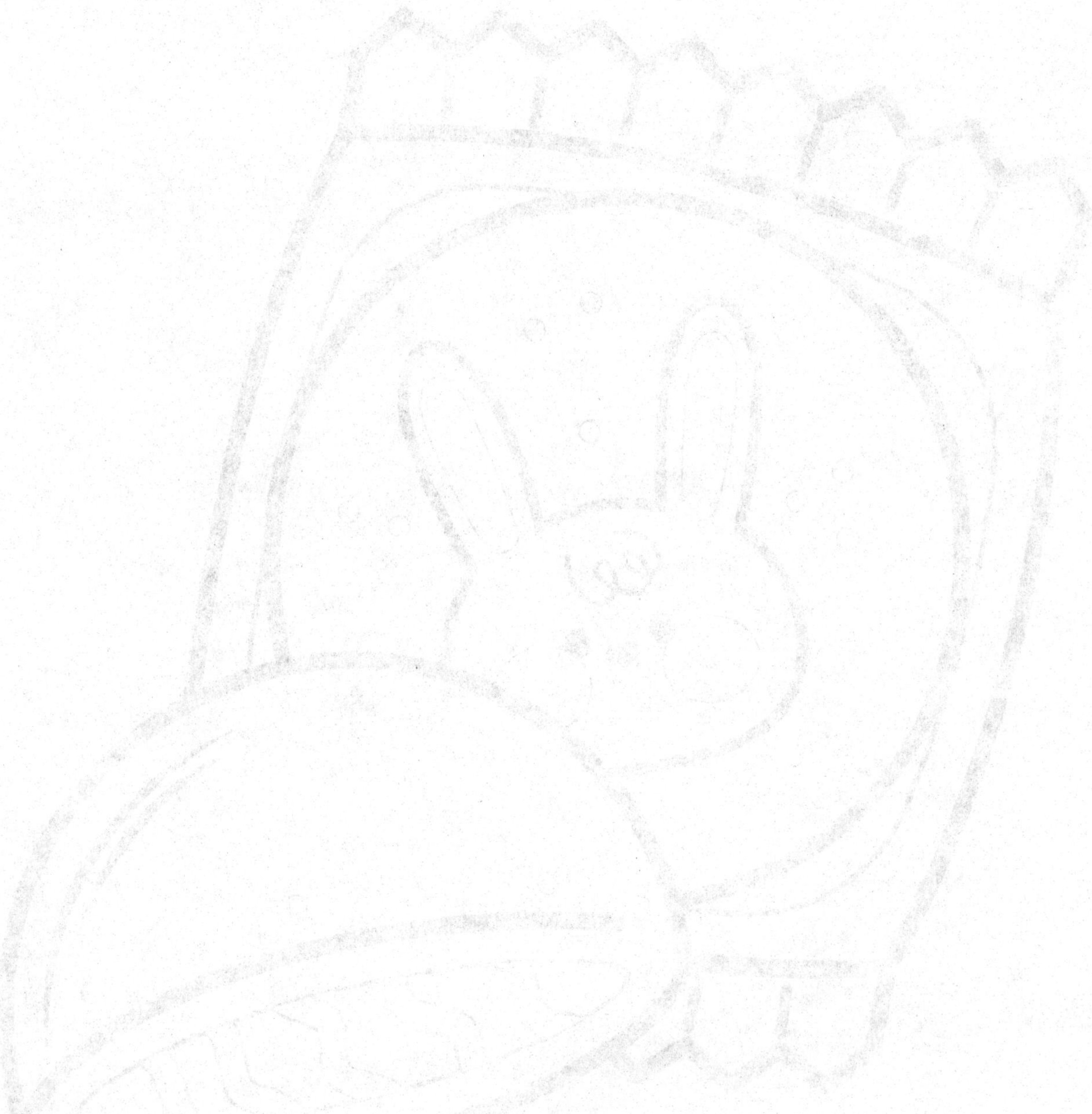

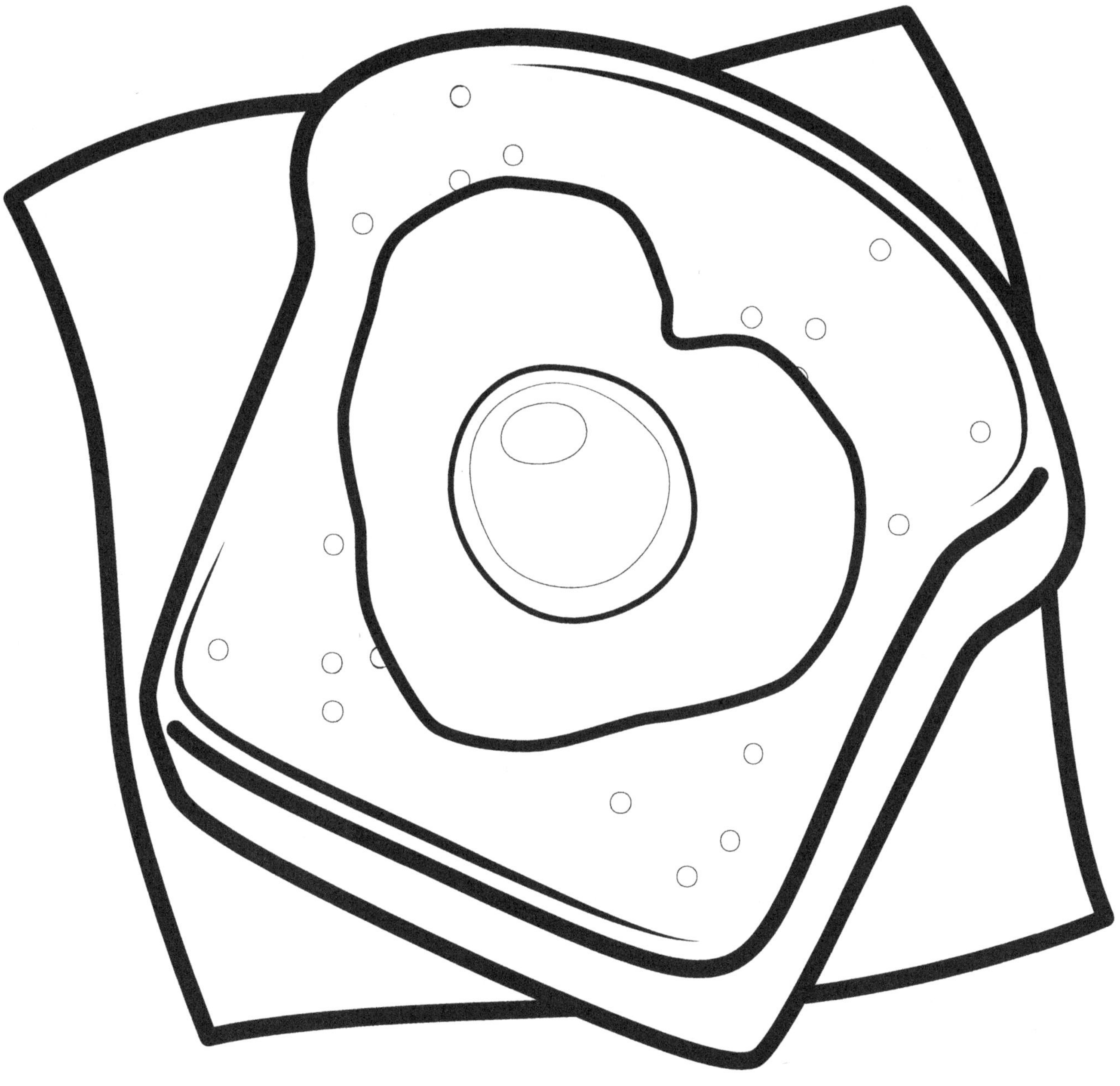

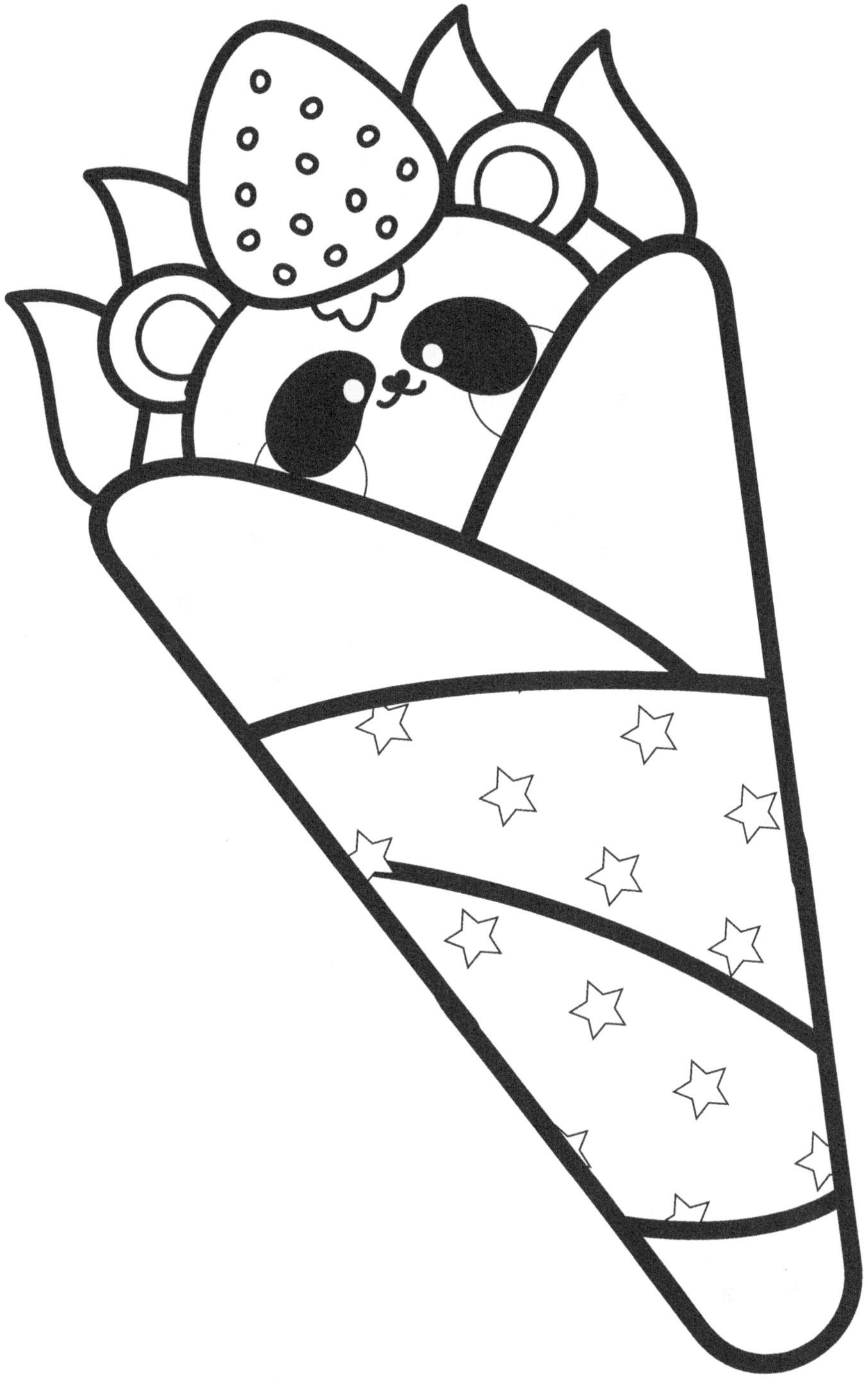

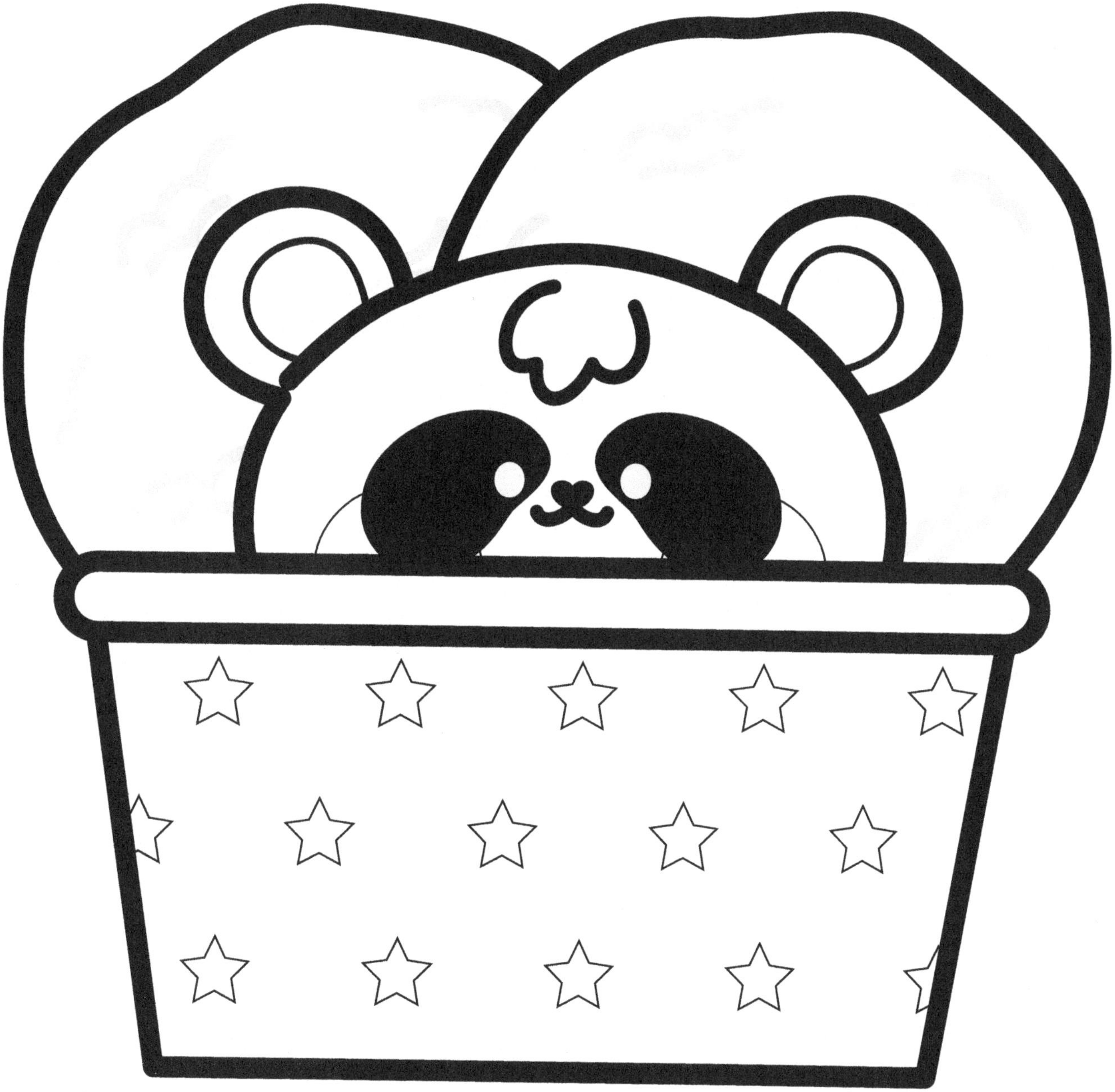

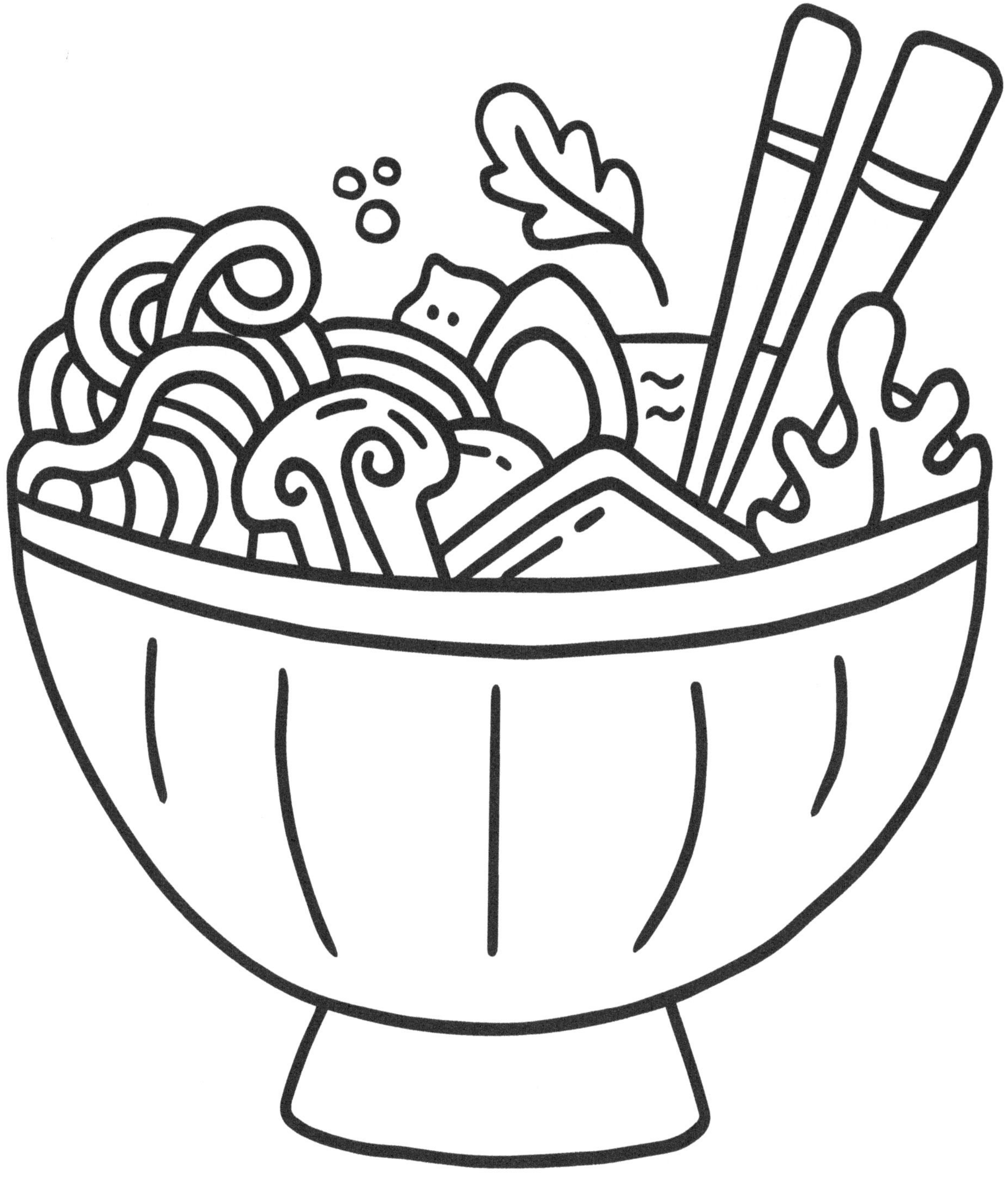

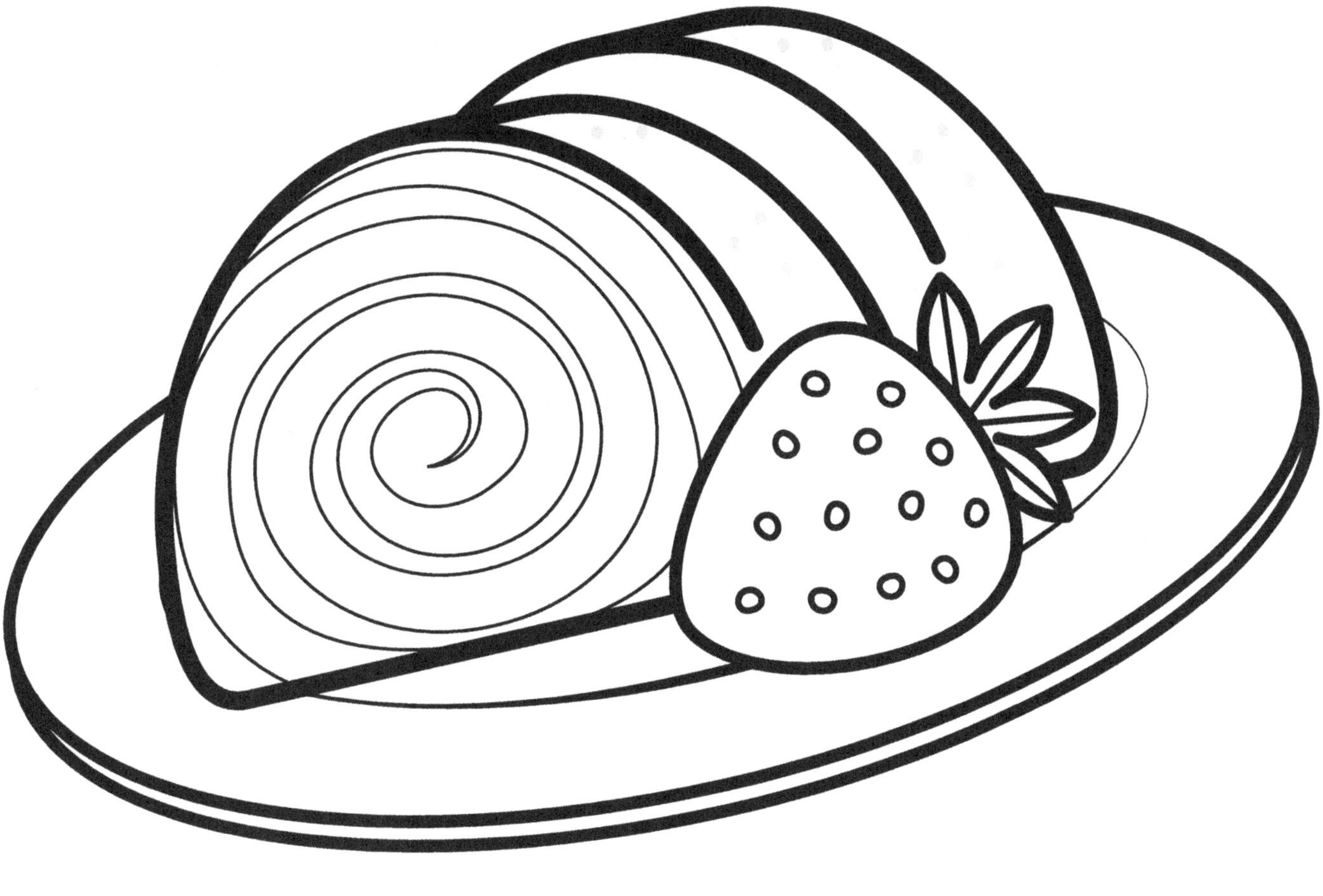

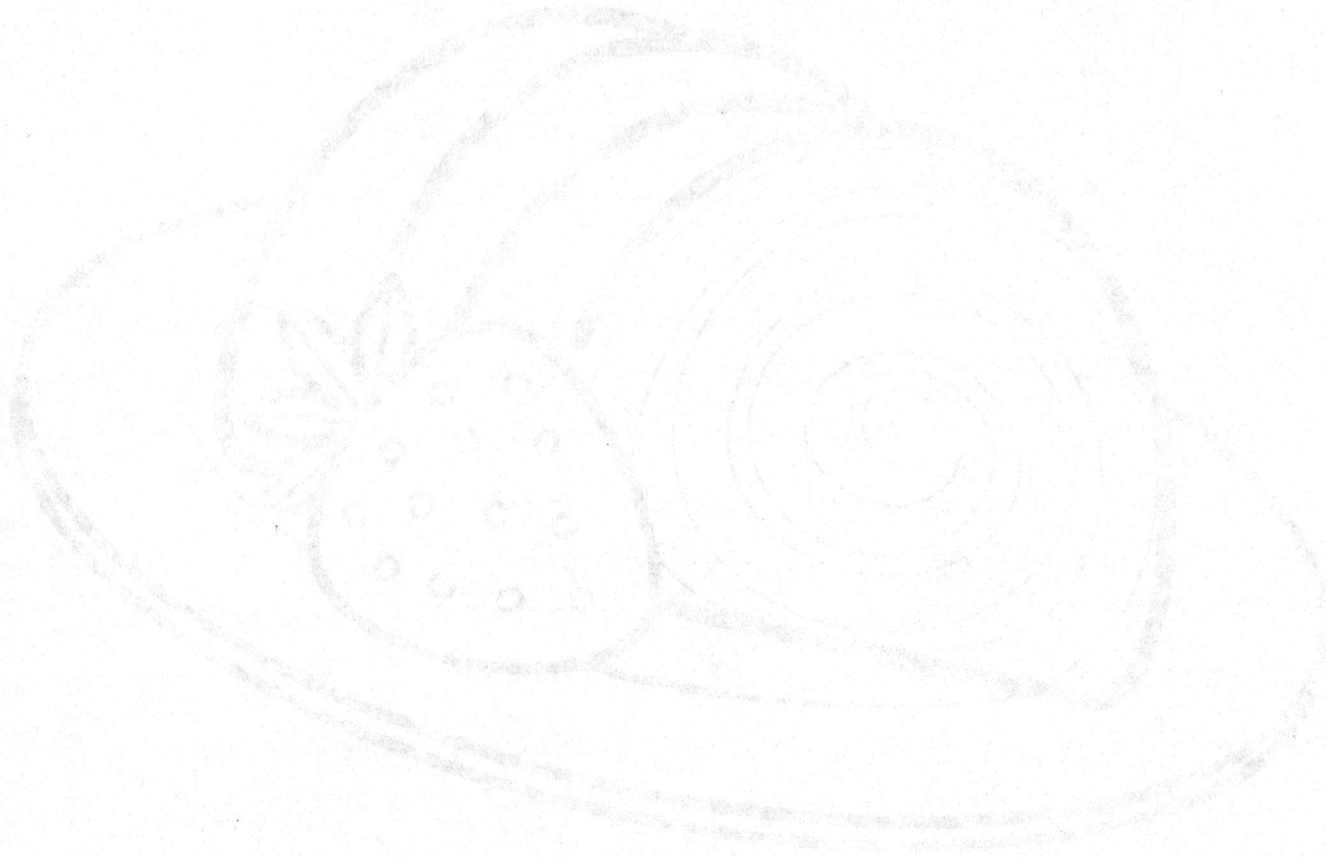

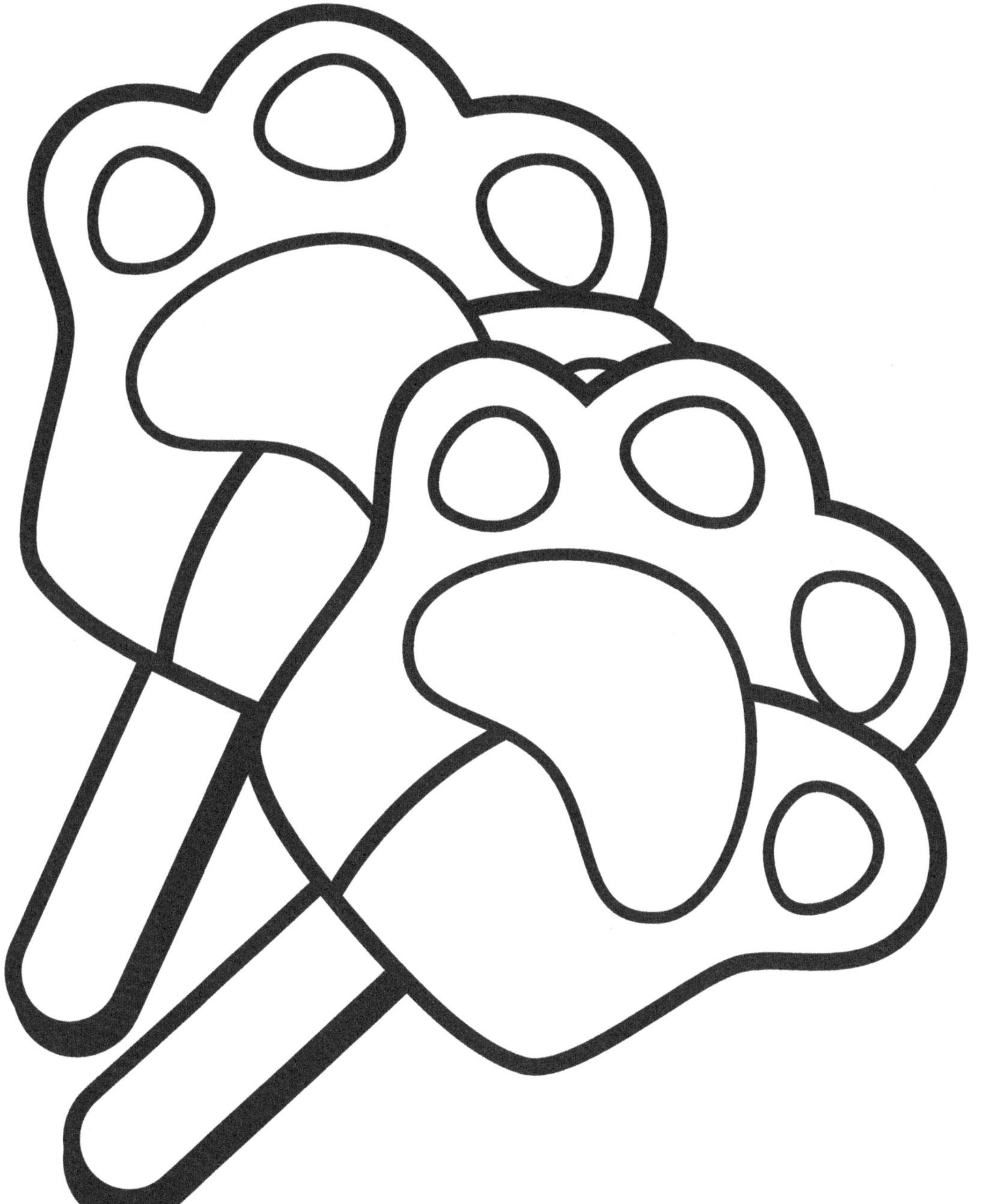

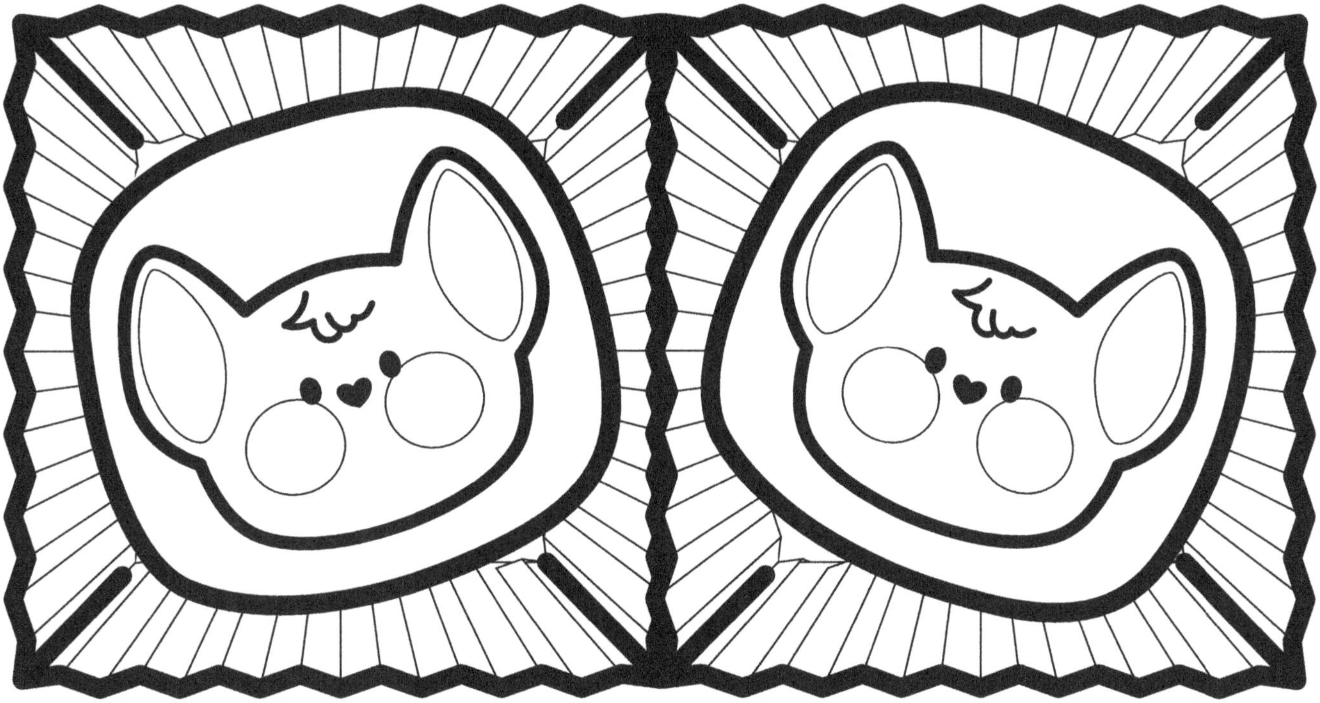

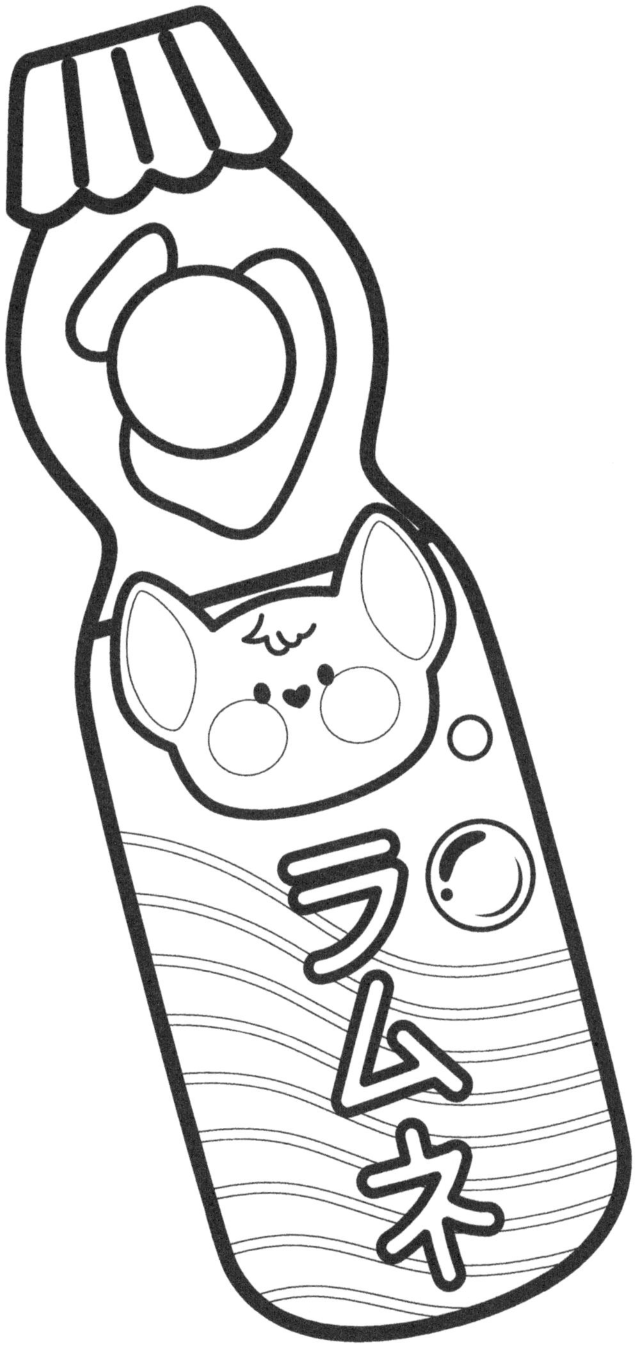
ラムネ

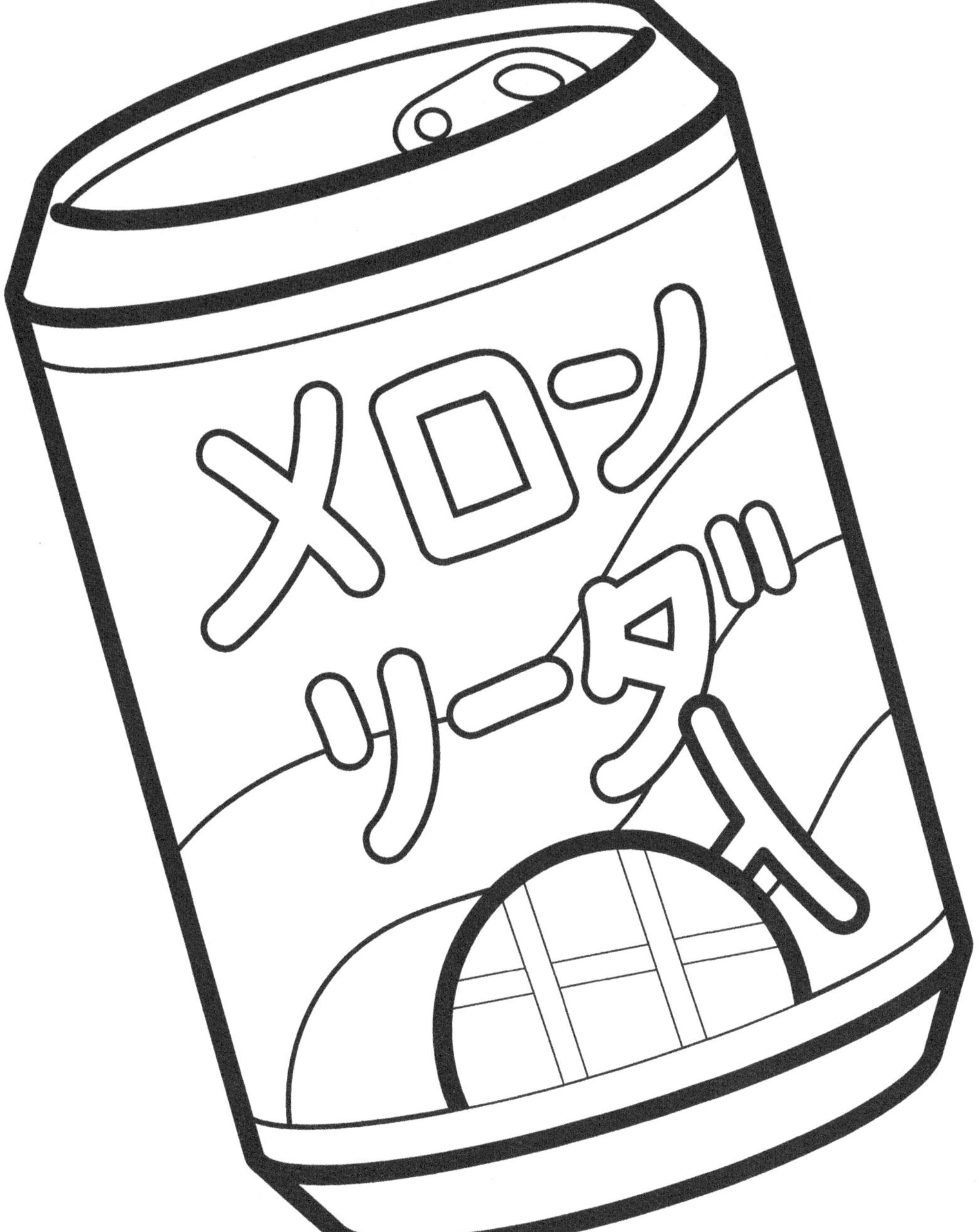
メロン
ソーダ

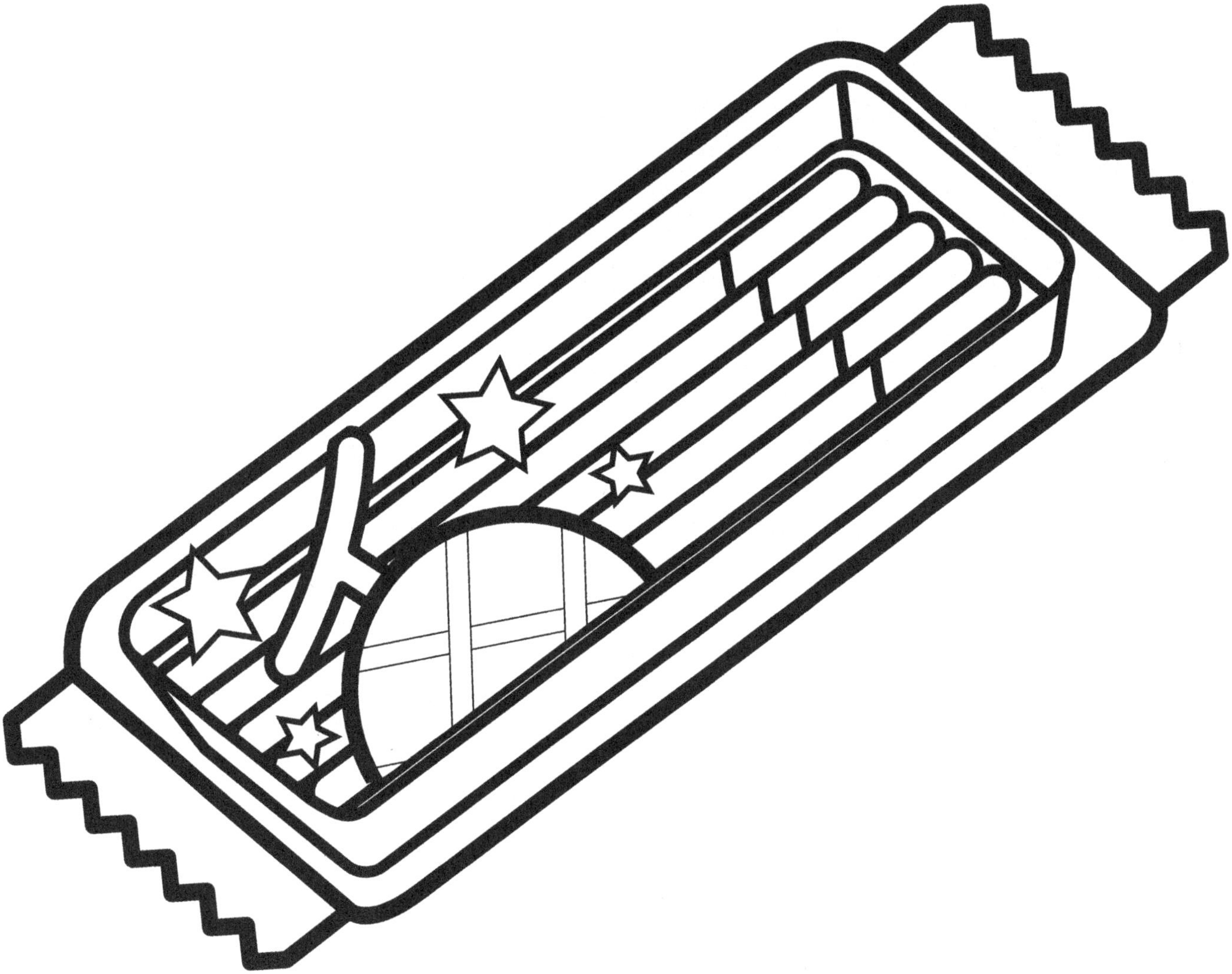

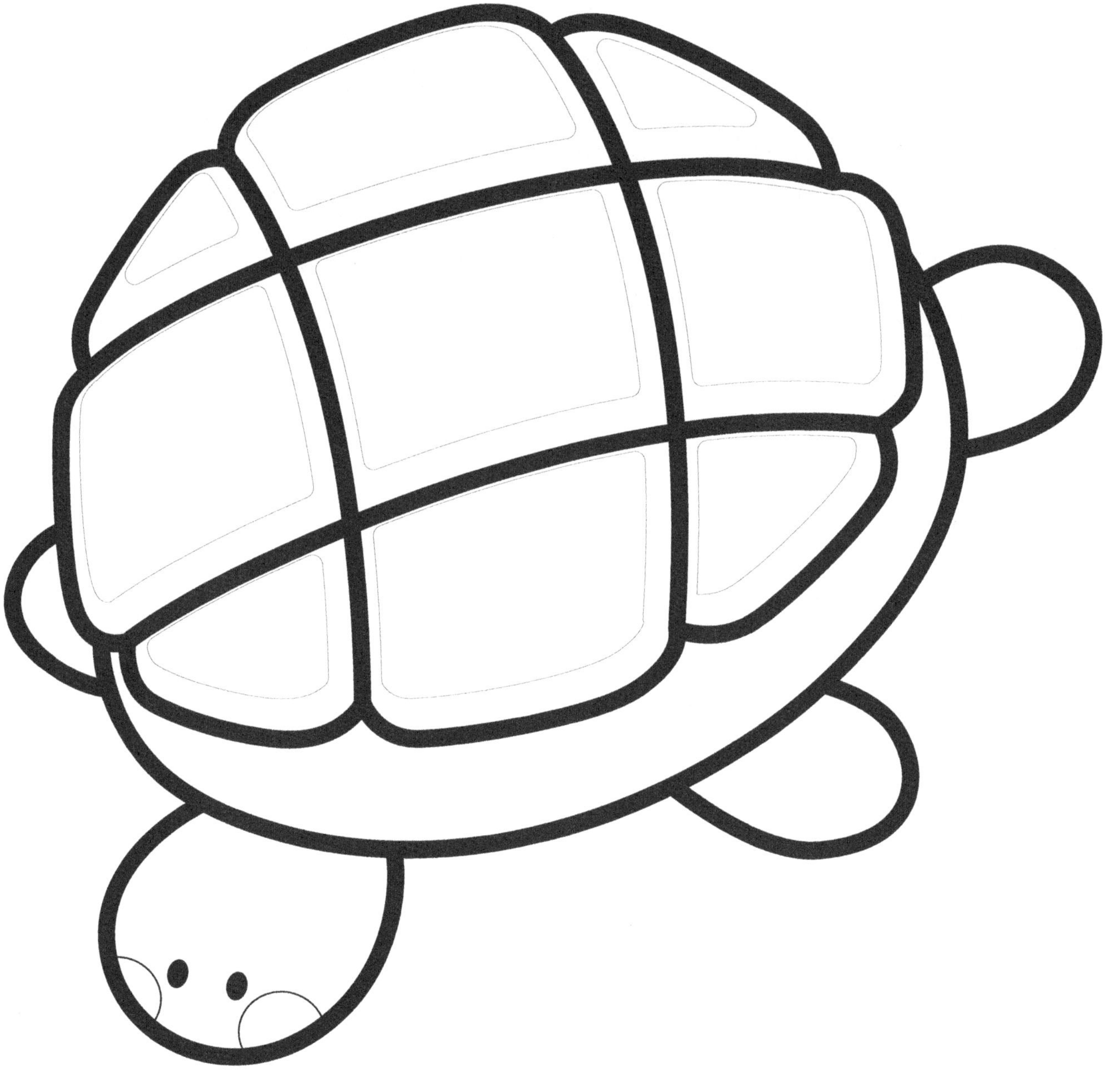

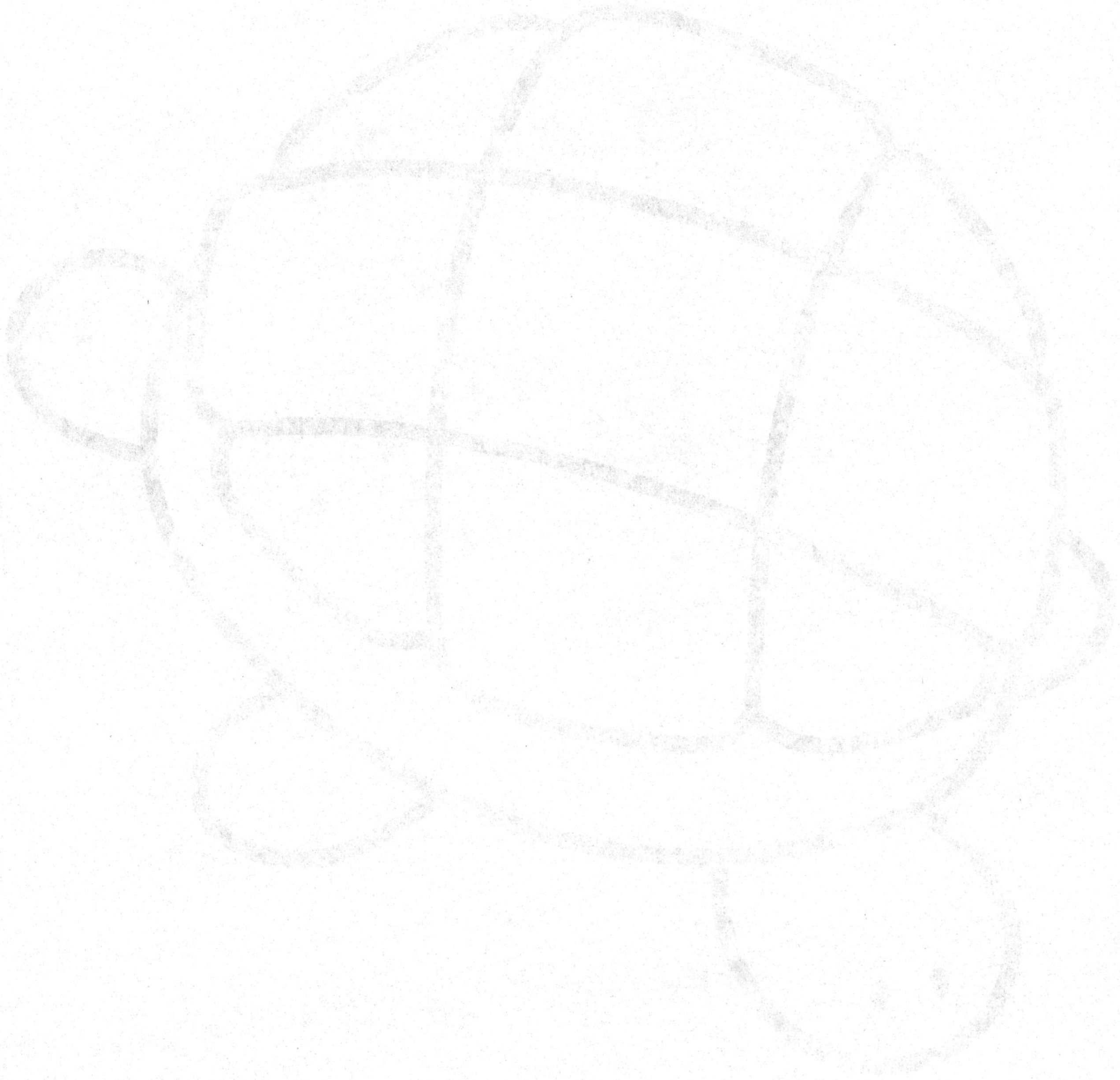

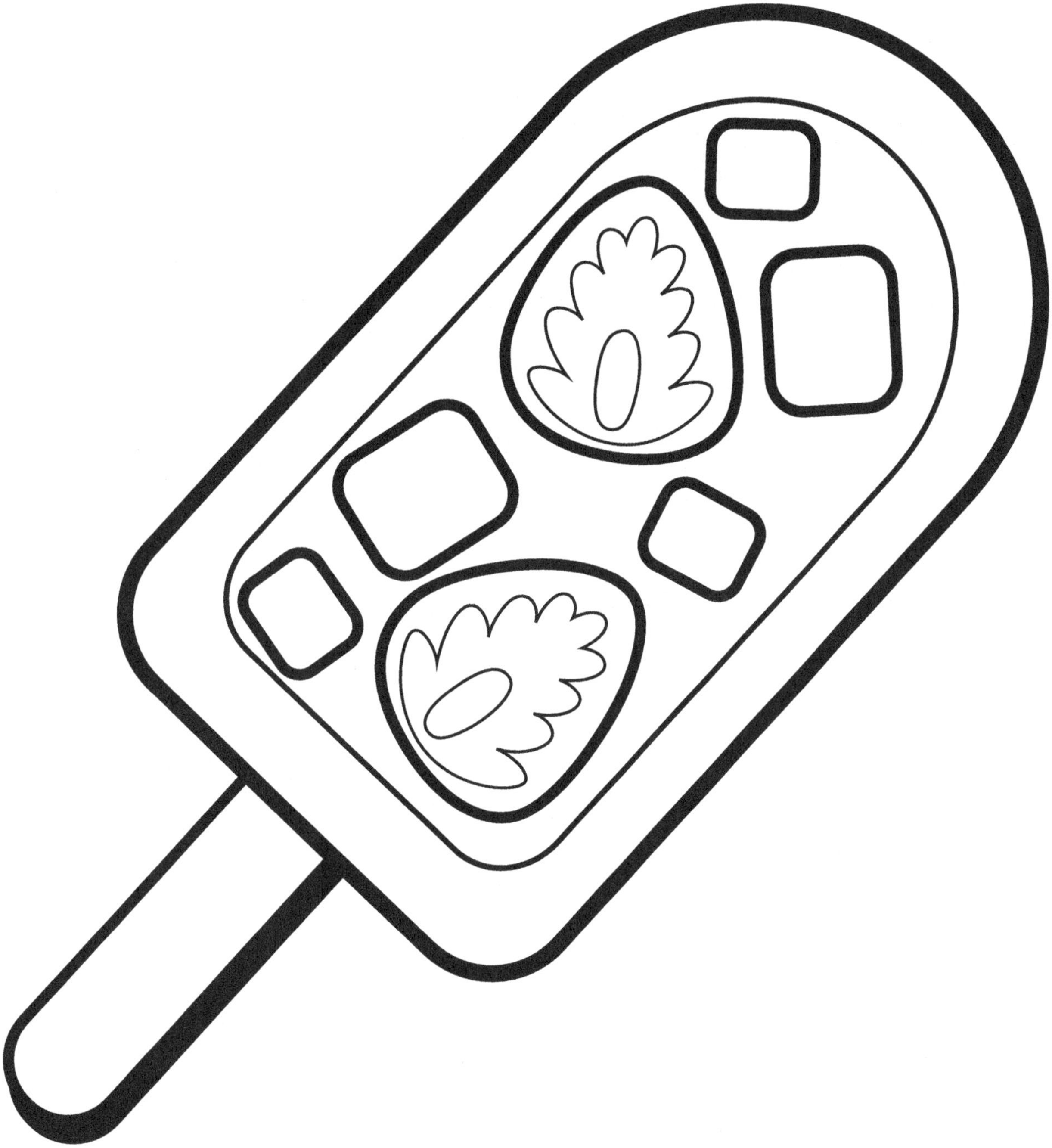

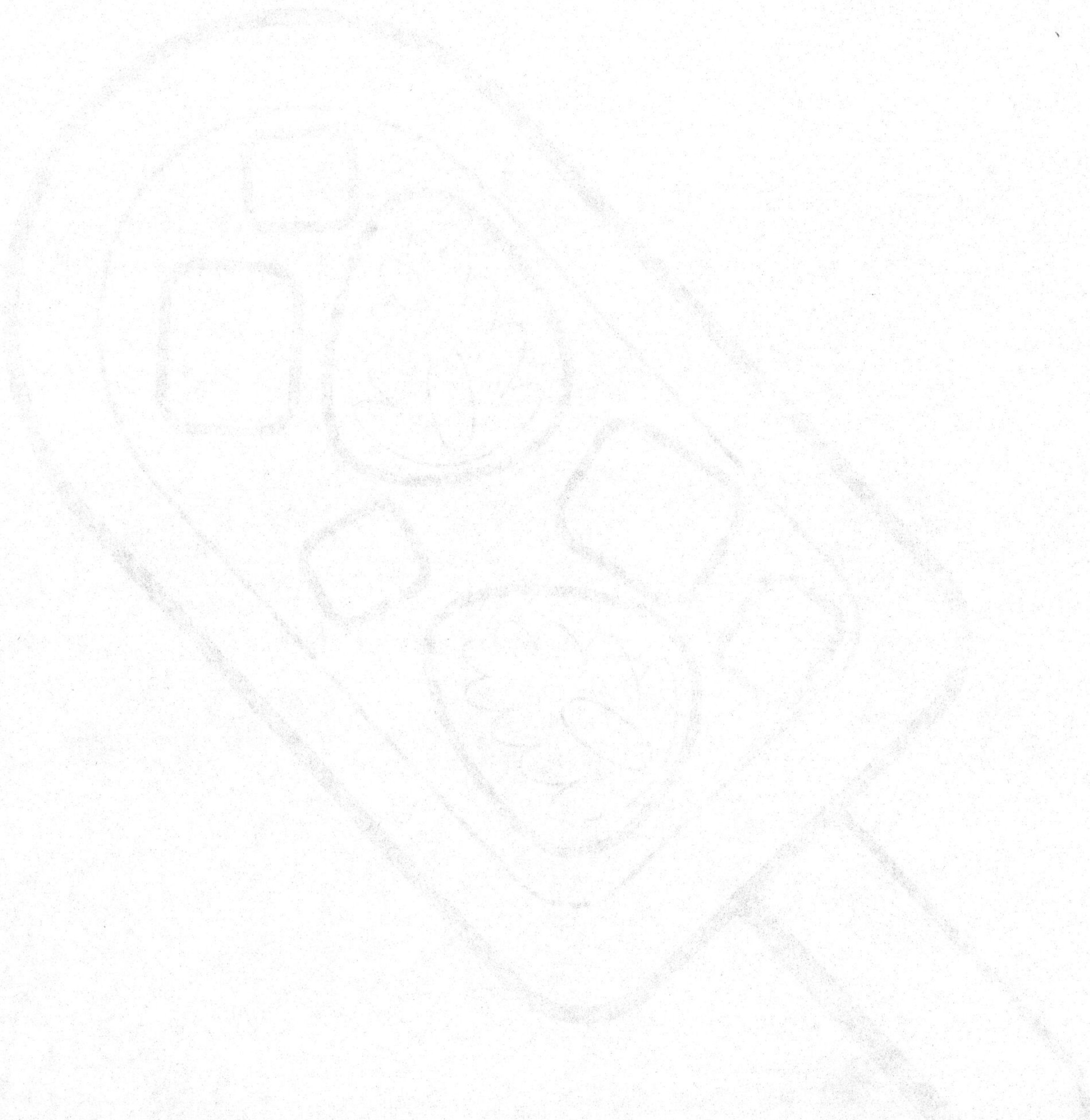

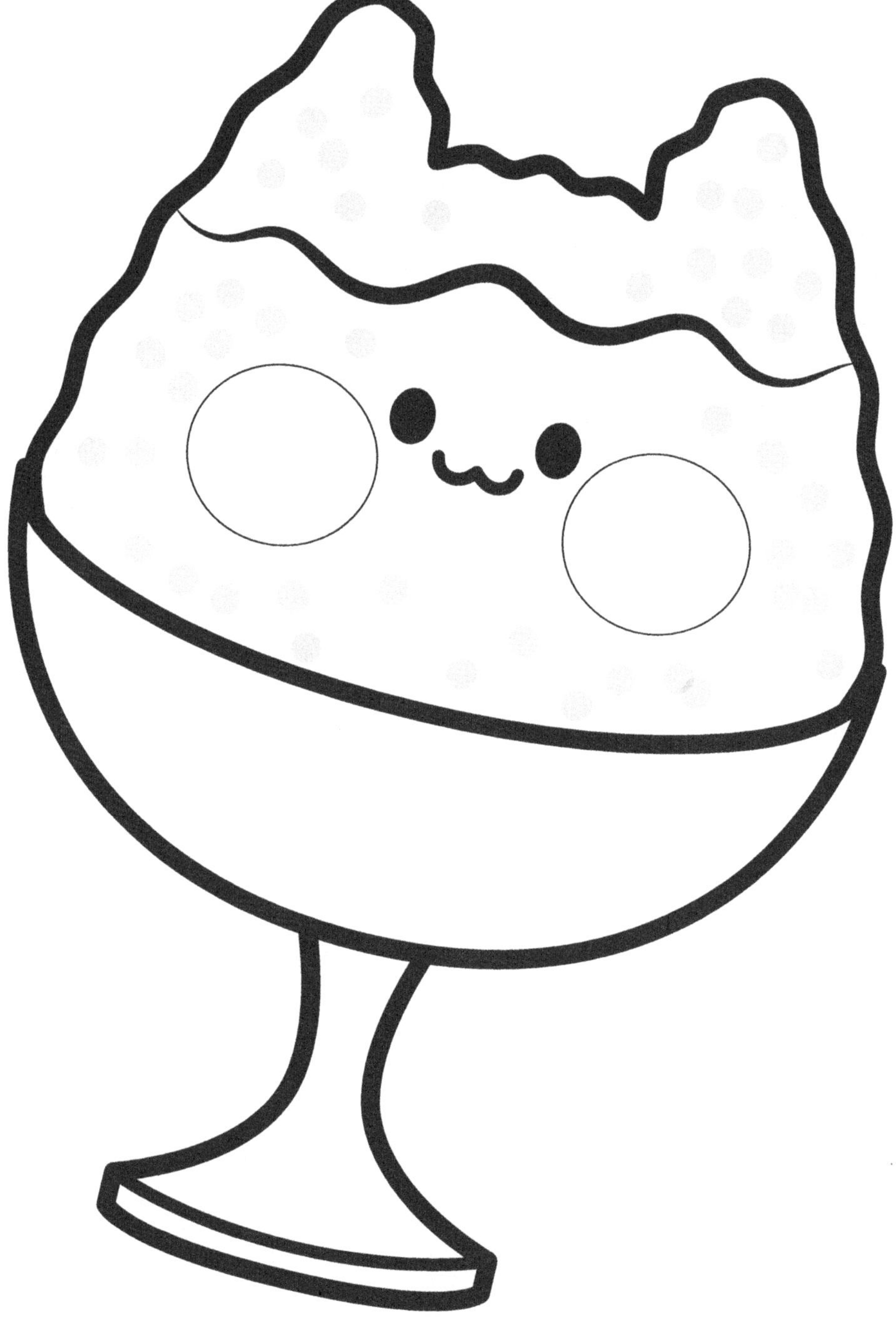

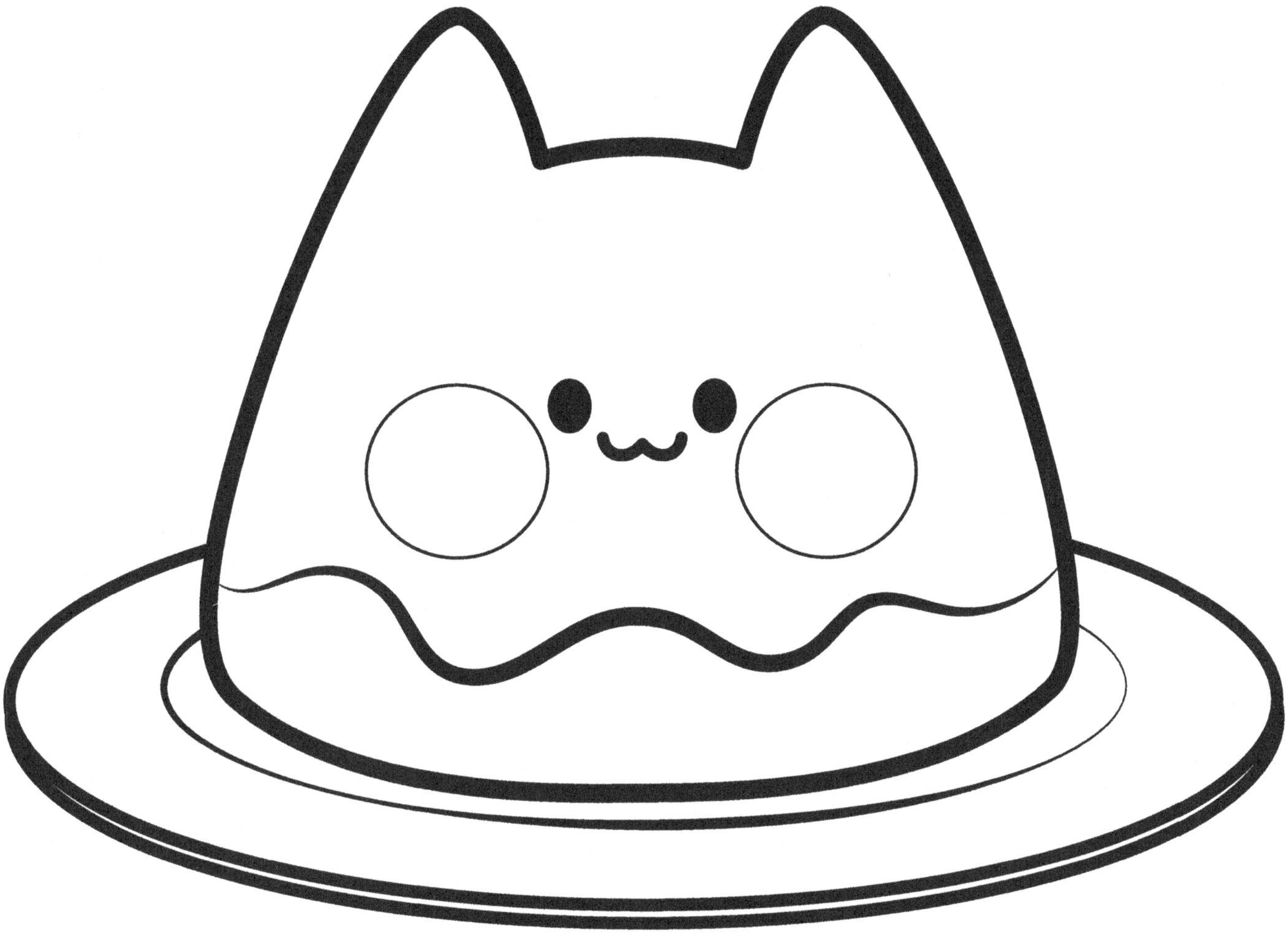

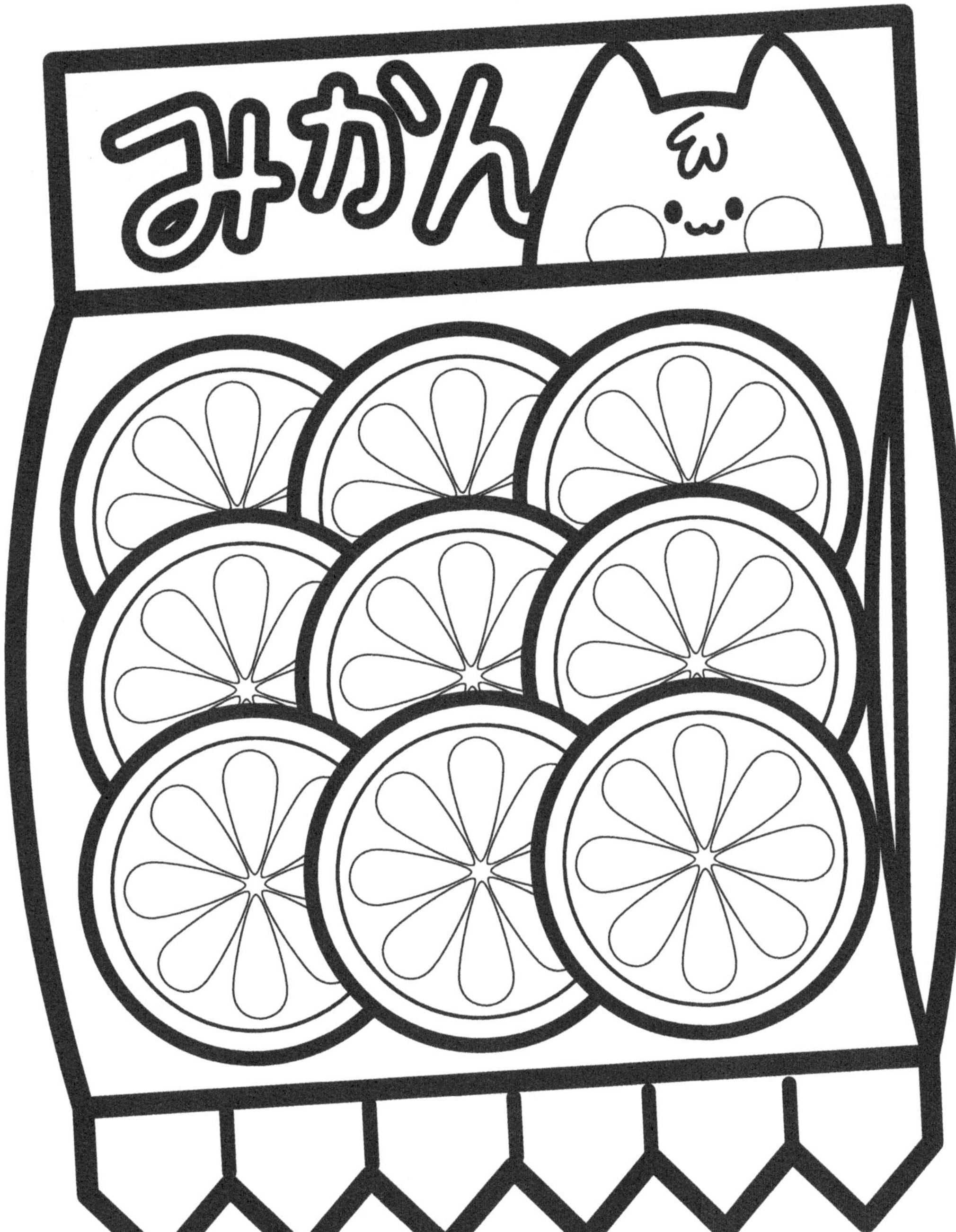
みかん

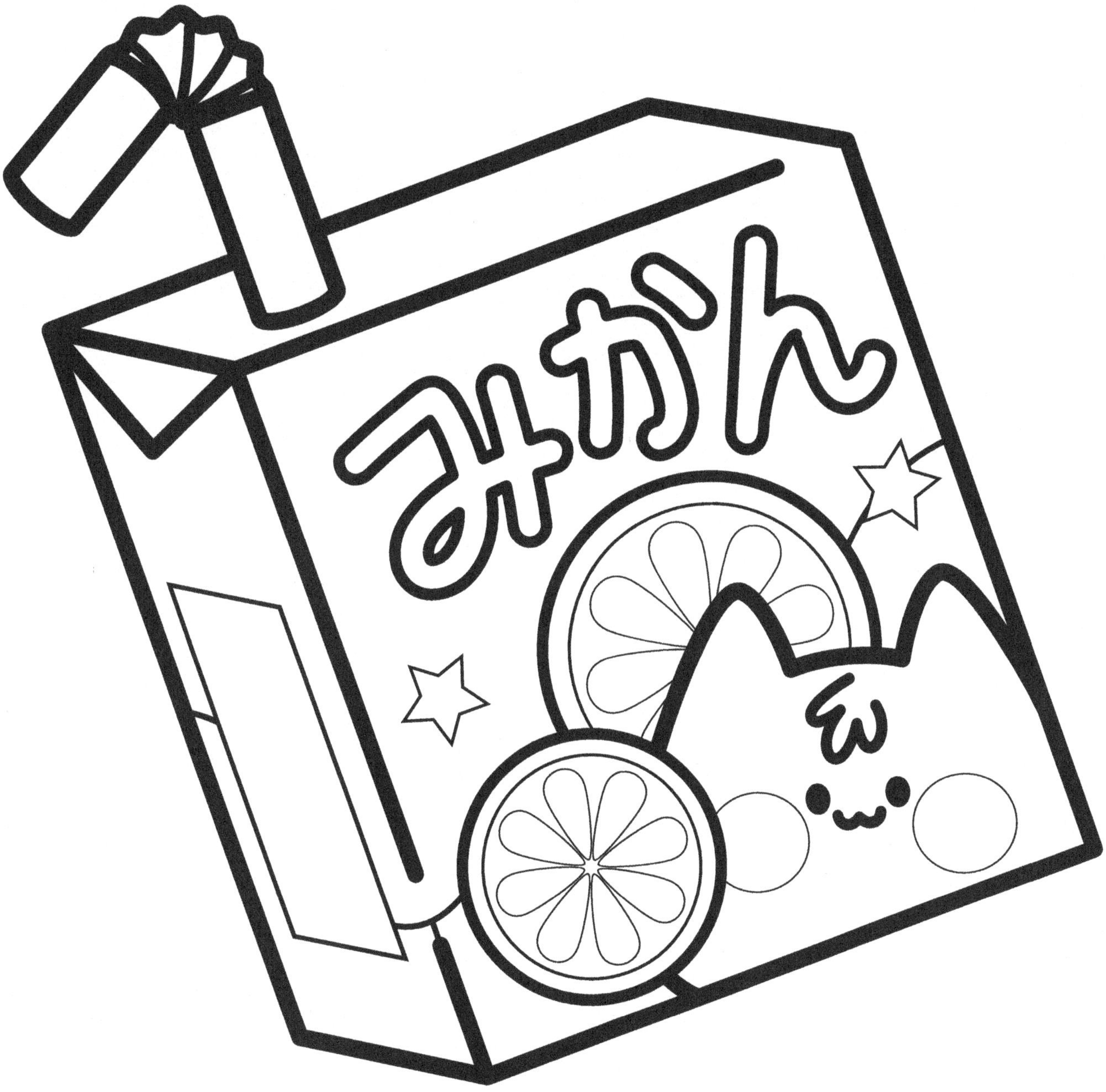
みかん

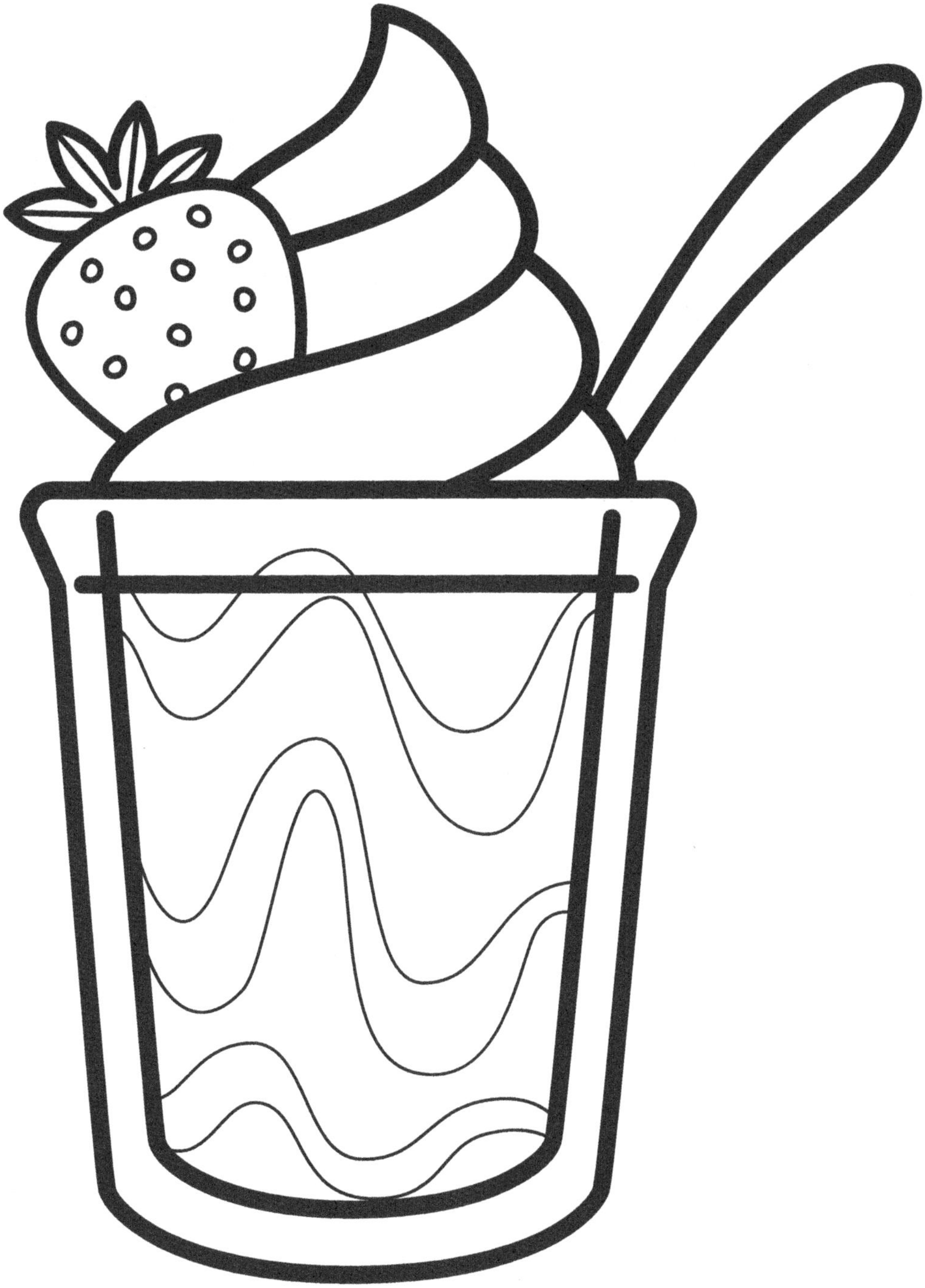